십대, 성경으로 세상을 살라

십대, 성경으로 세상을 살라

청소년을 위한 기독교 세계관 이야기 2

김경덕 지음

✚ 사랑플러스

김경덕 목사님은 현장에서 잔뼈가 굵은 청소년 사역자입니다. 마치 은퇴를 얼마 남겨 두지 않은 산부인과 의사 선생님이 초음파나 현대 과학의 최첨단 장비에 의존하지 않고 태아와 교감하며 출산을 준비해 주듯, 김 목사님의 따뜻한 마음이 배어 있는 단어와 문장들은 세상 변혁의 주체로 우뚝 서야 할 다음 세대를 향해 말을 걸어오고 있습니다. 우리 시대의 십대가 성경으로 세상을 살아갈 내공을 키울 수 있도록 돕는 이 책이, 그들의 인생에서 억만금의 값어치를 하리라 믿습니다.

박주성 국제제자훈련원 대표총무

김경덕 목사님은 청소년들을 지극히 사랑하는 분입니다. 또한 오랫동안 청소년 사역을 하면서 많은 현장 경험을 한 분입니다. 이 책에는 김 목사님의 청소년에 대한 사랑과 그 사랑을 실천한 경험이 함축적으로 담겨 있습니다. 혼탁한 이 시대를 사는 청소년들이 성경적 세계관을 갖고 바른 신앙인으로 살아가는 데 이 책이 도움이 될 것을 믿어 의심치 않습니다. 그뿐만 아니라 청소년을 지도하는 분들에게도 통찰력을 제공하는 유익한 책이 될 것입니다.

김창훈 총신대학교 설교학 교수

주일학교와 청소년 사역자로서 오랫동안 섬겨 온 김경덕 목사님의 《십대, 성경으로 세상을 살라》 출간 소식을 접하고 무척 기뻤습니다. 저자가 청소년들의 마음과 생각을 헤아려 그들의 눈높이에서 말씀의 세계관을 들려주는 책이기 때문입니다. 거기다 김 목사님의 글에는 오랜 시간 청소년들과 호흡하면서 습득한 청소년들의 표현과 그들만의 감성 그리고 위트와 유머가 배어 있어 감동뿐 아니라 즐거움까지 선사해 주기 때문입니다.

김 목사님의 첫 번째 책인 《십대, 성경으로 세상을 보라》는 중국어로 번역되어 대만에서 출간되었고, 대만 청소년들에게도 제법 큰 사랑을 받았습니다. 두 번째 책 《십대, 성경으로 세상을 살라》 또한 다음 세대 주역인 우리나라 청소년들뿐 아니라, 문화와 언어가 다른 이웃 나라 청소년들에게도 선한 영향을 끼치는 '영혼의 친구'와 같은 책으로 쓰임 받기를 소망합니다.

박동성 GMS 소속 대만 문서선교사

김경덕 목사님은 탁월한 이야기꾼이자 열정 가득한 청소년 사역자입니다. 이 책에는 오랜 시간 청소년들과 뒹굴며 그들의 눈높이에서 고민한 흔적이 스며들어 있습니다. 그 경험을 바탕으로 청소년의 언어로 친근하게 풀어낸 글들은 술술 읽히지만, 그 안에서 발견되는 통찰은 결코 가볍지 않습니다. 성경을 통해 보는 세계관을 재미있게 읽어 내려가다 보면 묵직한 삶의 지침들이 가슴에 새겨질 것입니다. 이 땅에 살고 있지만 하늘에 속한 세대인 청소년들에게 강력히 추천합니다.

고은식 브리지임팩트사역원 공동대표

As time goes by

《십대, 성경으로 세상을 보라》출간 이후 2년의 시간이 흘렀고 십대들의 세상은 또 그만큼 달라졌습니다. 우리의 십대들은 인류 역사상 가장 빠른 속도로 변하는 세상에서 살고 있습니다. 이 변화의 속도감에 청소년기가 주는 불안함이 더해집니다. 청소년이라면 누구에게나 신체적이고 정서적인 변화가 주는 알 수 없는 불안함, '진로, 입시, 미래'가 주는 표현하기 어려운 무게감이 있습니다. 그래서일까요. 십대들의 사전에서는 '불안, 혼란, 염려'와 같은 단어들을 종종 만납니다.

너에게 들려주고 싶은 이야기

가 보지 않은 낯선 길을 걸어야 하는 시간의 모험가들에게 해 주고픈 이야기가 있습니다. 점수와 등급과 SNS의 숫자

1에 울고 웃는 친구들에게 들려주고 싶은 이야기가 있습니다. 의심과 부정의 언어로 채워 가기엔 십대의 계절이 너무나 푸르다는 사실 말입니다. 우리는 가치 있는 인생이 되기 위해 무언가를 해야 하는 것이 아니라, 복음으로 이미 가치 있는 인생이 되었기 때문에 그에 걸맞은 삶을 살아야 한다는 사실을 말입니다.

십대, 성경 그리고 세상

우리의 십대들이 어른들의 기준과 세상의 틀에 맞지 않는다는 이유로 스스로의 가치를 평가 절하하기 전에, 창조주께서 부여하신 고유한 가치를 발견하고 성경을 기준 삼아 자신과 세상을 바라볼 수 있기를 바라는 마음을 이 책에 담았습니다. 성경을 통해 나와 세상을 보는 눈이 트이는 것, 그것이 미래를 바꾸는 위대한 시작이라 믿기 때문입니다. 우리의 십대들이 세상 속에서 하나님을 발견하고, 성경을 통해 세상을 바라볼 수 있기를. 우리의 십대들이 이 푸르고 아름다운 시간의 가치를 깨달을 수 있기를!

청소년을 섬기는 이

김경덕

추천의 글 • 5

머리말 • 8

Spring
봄, 새로운 날들의 시작

입학, 봄날은 온다 • 15

만우절, 하얀 거짓말 • 21

급식 먹자, 친구야! • 27

안녕하세요, 선생님 • 33

맛있다 성경, Honey Bible • 39

꽃보다 엄마 • 45

Summer
여름, 눈부신 계절을 즐기자!

토닥토닥 우리나라 • 55

지하철, 어디까지 가 봤니? • 61

학교를 부탁해 • 67

힘내라, 알바! • 73

바다, 좋지 아니한가 • 79

So cool~ 여름방학 • 85

Fall
가을, 더 깊은 사랑의 나라로!

주일은 쉽니다 • 95

자원봉사, 최선입니까? • 101

I love a dog • 107

십대는 열공 중 • 115

인생샷을 위하여 • 121

이어폰, 너의 목소리가 들려 • 127

Winter
겨울, 성장의 기적이 일어나는 때

분노 사용 설명서 • 137

12월의 기적 • 143

크리스마스 is 뭔들 • 149

아빠와 아들 • 155

설날이 좋다 • 161

민증이 필요해 • 167

Spring

봄,
새로운 날들의
시작

입학, 봄날은 온다

🔍　#입학식 #꽃다발 #지루해 #공부하기싫어 #공부의목적

본교 배정을 축하합니다

　봄이라고 하기에는 아직 이른 계절, 머쓱한 표정으로 두리번거리며 입학식장으로 모여드는 신입생들. 3월은 초등학교 졸업이 실감 나지 않고 몸집보다 큰 교복이 어색하기만 한 중학교 1학년들과, 왠지 모를 비장함으로 교문을 들어서는 고등학교 1학년들의 입학식이 있는 특별한 달이다. 예비 소집일과 신입생 오리엔테이션 때 이미 와 본 학교이지만 입학식 날의 기분은 묘하게 설레고 특별하다.

국민의례, 장학금 수여, 교장 선생님 말씀에 이어 교과 선생님들 소개와 교가 제창으로 입학식이 끝나고, 담임 선생님과 반 친구들을 처음 만나는 서먹한 시간들. 교복 안에 후드티를 입어도 될까? 머리는 몇 센티미터까지 기를 수 있을까? 스타킹은 검은색을 신어야 하나 살색을 신어야 하나? 매점은 어디고 급식실은 어디지? 모든 것이 궁금하기만 한 3월의 신입생들.

그런데 우리는 왜 입학을 했을까? 초등학교를 졸업했으니 중학교에 가는 것이고, 중학교를 졸업했으니 당연히 고등학교에 가는 거 아니냐고? 그렇다면 우리는 왜 계속해서 학교에 가야 하고, 왜 끝없이 공부해야 하는 걸까?

공부가 가장 쉬웠다고요?

우리의 부모님들은 가난을 극복하기 위해 공부했고, 성공하기 위해 공부했고, 가족을 위해 공부했다. 어른들은 우리에게 자아실현을 위해, 꿈을 성취하기 위해 공부해야 한다고 하는데, 그런 말들은 왜 그렇게 멀게만 느껴지는 건지. "공부는 절대 나를 배신하지 않는다"라고 말한 수재 교수님의 이야기나, 일용직 노동자 출신으로 일류대에 수석 합

격한 변호사 아저씨의 "공부가 가장 쉬웠어요"라는 말은 정말 이해하기 어렵다. "나는 똑똑한 것이 아니라 단지 문제를 더 오래 연구할 뿐이다"라고 말한 천재 아인슈타인은 우리와 다른 세계의 사람인 것만 같고, 인류는 본래 '호모 아카데미쿠스', 즉 '공

부하는 인간'이라는 말에 어질어질 현기증이 난다. 입학 선물로 아빠가 사 주신 최신형 스마트폰, 이모가 건네준 축하 꽃다발은 맘에 들지만, 입학식 끝나고 책상에 앉아 공부를 시작하려니 마음은 아직 녹지 않은 언 땅처럼 답답하다. 정말, 우리는 왜 공부해야 하는 걸까?

열공 시대

이집트 왕실에서 그 나라의 학문을 공부하던 모세는 자기가 배운 지식이 훗날 하나님 말씀을 기록하는 일에 쓰임 받을 것이라는 사실을 알았을까? 바벨론에 끌려가 갈대아의 학문과 언어를 공부해야 했던 다니엘은 자신의 공부

가 살아 계신 하나님을 이방 세계에 선포하는 일에 쓰임 받게 될 것을 상상이나 했을까? 수천 편의 잠언과 노래를 짓고 동물과 식물에 대해 해박했던 솔로몬의 지혜는 하나님의 백성을 다스리고 하나님의 집, 즉 성전을 짓는 일에 쓰임 받았다. 최고의 율법학자 밑에서 열심히 공부했던 바울의 모든 지식은 세계 열방에 복음을 전하고 교회를 세우는 일에 값지게 쓰임 받았다.

성경 속 하나님의 사람들은 열심히 공부했다. 그들 자신에 대해 공부했고, 그들이 살던 세상에 대해 공부했으며, 그들을 세상에 보내신 하나님에 대해 공부했다. 그리고 각자의 자리에서 쓰임을 받았다.

그렇다. 우리도 그들처럼 쓰임 받기 위해 공부한다. 하나님께서 나를 지으셔서 이 세상에 보내셨다면, 나는 하나님의 목적에 따라 이 세상에서 반드시 쓰임 받을 것이다. 우리는 '나'를 알기 위해 공부한다. 나는 어디서 왔고 어디로 가는가? 우리는 '세상'을 알기 위해 공부한다. 세상은 어떻게 존재하게 되었으며 어떤 법칙에 따라 움직이는가? 그리고 우리는 세상 속에서 나를 사용하실 하나님을 위해 공부한다. 하나님의 창조와 섭리를 믿는 우리는, 하나님도 모르고 하나님이 세계를 창조하셨고 다스리시는 분이라는 것도 모르는 사람들보다 훨씬 더 열심히 공부해야 한다. 크리스천 십대에게 공부는 신앙의 고백이요 몸으로 드리는 예배이기 때문이다. 그런 우리에게 입학은 더 높고 새로운 배움의 시작이다.

그러니 신입생의 설렘으로 열심히 공부하자. 쓰임 받기를 사모하며 공부하는 우리에게, 마치 언 땅을 뚫고 올라오는 씨앗의 생명처럼, 그렇게 봄날은 온다.

눈물을 흘리며 씨를 뿌리는 자는 기쁨으로 거두리로다

(시편 126:5).

만우절, 하얀 거짓말

#만우절 #속이기꿀팁 #선생님거짓말 #장난전화 #거룩

샘~, 당황하셨어요?

전교생이 약속이나 한 듯 선생님 속이기 프로젝트에 돌입하는 만우절. 교실 문 위에 칠판지우개 올려놓기, 칠판을 등지고 뒤로 돌려 앉기 등의 초급 레벨부터 책걸상을 운동장으로 옮겨 놓거나 옆으로 쓰러뜨려 놓기, "선생님, 죄송해요. 너무 힘들어요"라고 칠판에 써 놓고 반 전체가 운동장에 널브러져 시체놀이 하기 등 만우절 장난의 레벨업은 끝이 없다.

"아! 진짜 깜짝 놀랐잖아!"라며 놀라시는 귀요미 선생님, "이거 너희 선배들이 다 했던 거다!"라며 심드렁하게 수업 하시는 무반응 포커페이스 선생님, 수업 방해죄를 적용해 단체 기합으로 응수하시는 선생님 등 반응도 다양하다. '나 1억 원짜리 복권에 당첨됐어! 5천만 원은 너 줄 테니 사고 싶은 거 사! 아, 참! 오늘 무슨 날인지 알지?(ㅋㅋ)' 하는 애 교형 장난, 비누에 매니큐어를 칠해 아무리 문질러도 거품 이 나지 않게 만드는 생활형 장난, 오레오 쿠키에 크림 대 신 치약을 짜 두는 정성가득형 장난, 휴지 심을 물에 불려 반죽해서 변기 옆에 두는 엽기 장난도 유행이다. 그래, 바 보 같은 거짓말에도 바보처럼 속아 주는 날이 바로 만우절 (April Fool's day)이다.

거짓말, 나빠요

네티즌이 뽑은 최고의 거짓말 순위에는 "(친구의) 이거 너 한테만 말하는 건데", "(중국집의) 출발했어요. 금방 도착합 니다", "(선생님의) 이 문제 시험에 꼭 나온다", "(버스 탄 할머 니의) 난 괜찮아. 학생이 앉아!" 등이 올랐다. 유쾌한 거짓말 은 무료한 학교생활에 활력을 줄 수 있고, 장난기 어린 거

짓말은 쑥스러운 마음 고백의 수단이 될 수 있으며, 재미있는 거짓말은 서먹했던 친구 관계를 회복하는 데 도움이 될 수 있다. 하지만 도가 지나친 거짓말은 상대방을 불쾌하게 만들고, 119나 112 등의 행정 기관에 거는 장난 전화는 범죄가 되어 수백만 원의 벌금형을 받을 수도 있다는 사실을 명심해야 한다. 거짓말을 하면 코가 길어지는 나무 인형 피노키오 이야기나, 늑대가 나타났다는 거짓말로 크게 낭패를 당한 양치기 소년 이야기를 어린이들에게 들려주는 이유는 거짓말이 나쁜 것이기 때문이다. 그래서 만우절은 1년에 단 하루면 충분하다.

거룩한 거짓말

아브라함은 불안했다. 아내 사라의 미모에 온 이집트가 술렁거렸고, 왕마저 사라에게 관심을 갖기 시작했으니 말이다. '왕이 나를 해치지는 않을까?' 불안한 아브라함은 아내를 누이라고 속였다. 그것은 거짓말이었다.

야곱은 억울했다. '장자의 권리를 쌍둥이 형에게 빼앗기다니, 간발의 차이로 늦게 태어난 대가치고는 너무 가혹하잖아! 아버지의 축복 기도를 받아 내고 말 테야.' 야곱은 형의 목소리와 외모를 흉내 냈다. 그것은 거짓말이었다.

형들은 요셉이 미웠다. 아버지의 사랑을 독차지한 녀석이 꼴 보기 싫었다. 요셉을 팔아 버리고 채색옷에 피를 묻혀 아버지에게 가져갔다. 요셉이 죽은 줄 알고 통곡하는 아버지를 보며 속이 후련했다. 그것은 거짓말이었다.

'이런 것쯤은 해도 괜찮아!' 이것은 크리스천 청소년들을 유혹하는 사탄의 대표 거짓말이다. 사탄은 거짓의 아비요 속이는 자라고 하신 예수님의 말씀은 진실로 옳다. 거짓말은 금지된 행동이다. 크리스천 십대에게는 더욱 그렇다.

하지만 1년에 하루, 거짓말이 허락된 만우절처럼 우리의 거룩함을 지키기 위해 허락된 하얀 거짓말을 할 수 있으면 좋겠다. 더러운 것들을 향해서는 "아니! 난 보고 싶지 않아", 악한 일들을 향해서는 "싫어! 난 하고 싶지 않아", 유혹 앞에서는 "괜찮아! 난 참을 수 있어"라고 말이다. 비록 내 속마음과 다르다 할지라도 이렇게 의로운 거짓말을 할 수 있으면 좋겠다. 미움이 솟아날 때는 "친구야! 난 널 미워하지 않아", 복수하고 싶은 마음이 들 때는 "그래! 널 용

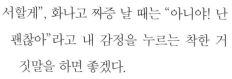

서할게", 화나고 짜증 날 때는 "아니야! 난 괜찮아"라고 내 감정을 누르는 착한 거 짓말을 하면 좋겠다.

청소년인 우리는 아직 충분히 성숙하지 못하고 아직은 예수님을 많이 닮지 못했지만, 내 욕망과 감정에 대해 하얀 거짓말을 하며 하나님이 기뻐하시는 것들을 향해 묵묵히 걸어간다면, 언젠가 이 모든 거짓말이 나의 인격이 되고 나의 고백이 될 테니까. 그건 정말 유쾌한 거짓말일 테니까.

기록되었으되 내가 거룩하니 너희도 거룩할지어다 하셨느니라(베드로전서 1:16).

급식 먹자, 친구야!

🔍 #4교시 #급식충 #영양사선생님사랑해요 #항상배고파 #혼밥금지

달려라, 달려

4교시 끝나기 5초 전. 1초라도 빨리 급식실로 가기 위해 한쪽 다리를 미리 책상 밖으로 내놓는다. 5, 4, 3, 2, 1. 종소리가 울려 퍼지는 동시에 급식실을 향하여 폭풍 질주하는 우리! 식판 들고 기다리는 줄에서는 친한 친구 탐색전, 줄 앞으로 끼어드는 아이들과의 신경전, "불고기 많이 주세요!!" 하며 아주머니와의 숨 막히는 밀당 끝에 꽉 찬 식판을 받아 든다. 친한 친구들이 미리 맡아 놓은 자리에 앉아

LTE급 속도로 식사 기도를 드리고 나면, 식사 준비 완료!

'헐~ 오늘 영양사 샘 기분이 안 좋으신가?' 빈티 나는 반찬들을 보노라니 언젠가 인터넷에서 본 다른 학교의 초호화 급식 사진이 떠오른다. 수제 소시지 구이, 닭다리가 통째로 들어간 삼계탕, 까르보나라 파스타, 오리 훈제 구이 등 십대들의 취향을 저격하는 화려한 메뉴에 맛도 최고라서 학교 매점이 문을 닫았다는 전설의 급식도 있다던데, 우리 학교 급식은 왜 이런 거냐고! 이따금 기대 이상의 메뉴가 나올 때면 영양사 샘을 향한 무한 존경과 가슴 깊은 곳에서 애교심이 마구 솟아오른다.

급식실에서의 먹방 촬영이 끝나고 이제 5교시에는 잠과의 전쟁을 치러야겠지만, 아침밥을 거르는 날이 많은 십대들에게 급식은 정말 꿀맛 같은 양식이다. 인터넷 백과사전

을 보니 "학교 급식은 학생들의 건강 증진과 체위 향상뿐만 아니라 원만한 인간관계를 형성함으로써 교육의 효과를 증진시키는 것을 목적"으로 한단다. 별생각 없이 매일 먹는 급식에 이런 심오한 뜻이 있었다니! 원만한 인간관계 형성? 그런 거창한 건 잘 모르겠지만 급식 먹을 때 이 한 가지는 분명히 중요한 문제다. '누구랑 같이 먹지?'

나랑 밥 먹을래, 나랑 같이 죽을래?

원조 상남자 '소간지'의 드라마 속 프러포즈처럼, 같이 밥을 먹는다는 것은 둘 사이의 관계에서 아주 큰 의미가 있다. 모르는 사람, 불편한 사람, 싫어하는 사람과 밥을 먹는 것은 정말 힘든 일이다. 같이 밥을 먹자고 말하는 것은 '나 너한테 완전 호감 있어!'라는 뜻이다. 누군가와 밥을 먹는다는 것은, 그 사람과 특별한 관계에 있고, 더 특별한 관계를 맺고 싶다는 표현이다. 그래서 우리는 좋아하는 사람에게 이렇게 말한다. '우리 같이 밥 먹을래?' 그리고 싫어하는 사람에게 이렇게 말한다. '너 밥맛없어!' 시끌벅적 수다 속에 모두가 즐거운 급식 시간이지만, 이 시간이 즐겁지 않은 친구들도 있다. 그렇게 혼자 먹는 친구가 안쓰러워 식판을 들고 그 친구 옆에 가서 먹는 순간, 나도 같이 왕따가 되는 것을 알기에 누구도 쉽게 다가가지 못한다. 4교시가 끝나는 것이 싫은 친구들은 그렇게 홀로 밥을 먹는다.

마지막 그리고 영원한 식사

예수님은 혼자 밥 먹는 사람들 곁으로 가서 같이 먹어 주시는 분이다. 예수님은 누구도 초대해 주지 않는 사람들을 초대하셨고, 아무도 방문하지 않는 집에 찾아가셨다. 죄인들, 세리들, 창기들, 병든 사람들, 고독한 사람들, 버림받은 사람들에게 가까이 가셨고 그들과 함께 식사하셨다. 예수님이 계시는 그 아름다운 식탁의 공동체가 바로 교회다. 영적인 만찬을 나누며 사랑으로 배부른 곳이 교회다. 스스로를 생명의 떡이라고 말씀하시는 예수님은 더 많은 사람들이 이 식탁에 참여하길 원하시고, 더 많은 세상의 배고픈 이들이 영적인 배부름을 누리길 원하셨다. 식탁은 죄인들과 함께 교제하시고 말씀을 가르치셨던 예수님의 사역 장소였다.

예수님의 마지막 사역 현장 역시 식탁이었다. 레오나르도 다빈치 아저씨의 멋진 그림처럼, 그 최후의 만찬이 펼쳐진 식탁의 중심에 예수님이 계셨다. 이 마지막 식사는 기독교 교회의 가장 중요한 예식이 되었다. 성찬식에 참여해 본 친구들은 알 것이다. 작은 빵 한 조각과 포도주 한 모금을 받는 어른들의 표정이 얼마나 진지하고 경건한지를. 떡과 포도주를 함께 먹으며 구원받은 백성답게 살 것을 다짐하는 공동체, 예수님의 몸과 피를 나누어 먹음으로써 한 몸이 된 신비의 공동체가 바로 교회다. 우리는 함께 먹으면서 예수님이 다시 오시길 기다릴 것이고, 주님이 다시 오시는 날 우리는 예수님과 함께 먹게 될 것이다.

급식 시간은 그저 주린 배를 채우는 것으로 보내기에는 아까운, 참으로 소중한 시간이다. 우리 이 시간에 식판을 들고 늘 혼자인 친구에게 다가가는 것은 어떨까? 내가 싫어했고 질투했던 친구 옆으로 가 보면 어떨까? 그 옆에 앉아서 그저 아무 말 없이 함께 밥을 먹는 거야. 그리고 그다음 날도 또 그다음 날도. 급식실에도 분명 예수님이 계시고, 우리는 예수님의 제자들이니까.

둘째도 그와 같으니 네 이웃을 네 자신같이 사랑하라 하셨으니(마태복음 22:39).

안녕하세요, 선생님

#스승의날 #교생풋풋 #교장샘훈화지루해 #제자 #변화

선생님, 우리 선생님

"이번 시험 쉽게 냈다."

"이 문제는 너희 반만 가르쳐 주는 거야."

"자, 조금만 더 하고 쉬자."

거짓말인지 뻔히 알면서도 학생들이 속아 드리는 선생님의 3대 거짓말이다. 혹시나 하는 기대를 갖게 하는 선생님들에게 우리는 면도날, 백발마녀, 잠수함, 장미단추(장거리 미남 단거리 추남) 등의 별명을 지어 드리는 소심한 복수로 응수한다.

학생인 우리는 선생님들과 함께 살아간다. 끝날 듯 끝날 듯 끝나지 않는 교장 선생님의 훈화 말씀으로 한 주를 시작하고, 담임 선생님의 종례로 일과를 마감한다. 우리는 언니, 오빠, 누나, 동생보다 더 많은 이야기를 선생님들과 나누며, 엄마아빠와 있는 시간보다 더 많은 시간을 선생님들과 보낸다.

4, 5월이면 실습 나온 풋풋한 교생 선생님들에게 마음 설레고, 아침 등교 시간 교문에 서 계신 학년주임 선생님 앞을 지날 때면 알 수 없는 긴장감에 교복 매무새를 가다듬는다. 시험지를 들고 교실로 들어오시는 선생님은 싸늘한 저승사자이고, 소풍 장기자랑 시간에 망가지시는 선생님은 예능감 충만한 반전의 주인공이며, 체육대회 계주 마지막

주자로 전력 질주하시는 선생님은 역전의 승부사다. 선생님은 심쿵한 첫사랑의 대상이요, 따끔한 호통으로 정신 번쩍 들게 하는 매운 회초리이며, 아빠처럼 엄하고 엄마처럼 따뜻한 분이요, 그 그늘에 기대어 쉬고 싶은 나무다.

선생님, 가르쳐 주세요

우리는 알아야 할 많은 것들을 선생님께 배웠다. 초딩 시절 실내화 정리하는 법부터 시작해 알림장 쓰는 법, 시계 보는 법을 넘어 국경일의 유래, 원소 기호 읽기, 로마의 역사, 벡터의 연산까지 어마어마한 양의 지식을 선생님께 배웠다. 그뿐인가. 싸운 친구와 화해하는 법을 배웠고, 끓어오르는 짜증을 참는 법을 배웠고, 후회 없는 인생을 사는 법도 배웠다. 기본 예의범절에서 시작하여 인류 역사의 위대한 사상 체계까지 배웠다. 옳고 그름, 참과 거짓, 선과 악을 구분하는 법을 배웠다. 시험에 자주 나오는 중요한 것들뿐 아니라 교과서에도 문제집에도 나오지 않는 인생의 지혜들을 배웠다. 첫눈 오는 날 들려주신 첫사랑 이야기를 들으며 사랑의 설렘을 배웠고, 고난을 이겨 내신 삶의 이야기에서 굴하지 않는 생의 용기를 배웠다. 이 모든 것이 가르침

의 목적이고 배움의 결과다. 가르치고 배우는 선생님과 제
자의 관계는 그래서 아름답다.

Follow me

나를 따르라. 그물을 손질하던 어부 베드로에게도, 세관
에 앉아 있던 세리 마태에게도, 혁명을 꿈꾸던 열심당원 시
몬에게도 예수님의 이 말씀은 인생을 바꾸는 결정적 계기
였다. 제자가 스승을 선택하던 당시의 관례를 깨뜨리고, 스
승이신 그분께서 직접 제자들을 선택하셨던 모습들을 성경

은 꼼꼼히 기록하고 있다. 만선을 꿈꾸던 어부, 부자가 되고
싶던 세리, 독립을 원했던 열심당원이 예수님의 제자가 되
어 예수님께 배웠고, 그분의 말씀을 통해 변화되었다. 변화
된 이들은 세상을 변화시켰다. 최고의 선생님인 예수님께
선택을 받아 그분께 배우고, 이제 다른 누군가를 위해 세상
으로 보냄을 받은 무리를 우리는 '예수님의 제자'라고 부른
다. 예수님의 제자는 우리가 가질 수 있는 가장 자랑스러운
스펙이다.

크리스천 청소년들의 신분은 학생이기에 앞서 예수님
의 제자다. 선생님 되신 예수님이 그분의 첫 제자들에게 하

신 말씀을 오늘 우리에게도 동일하게 들려주신다. "나를 따르라!" 예수님이 걸어가신 희생과 사랑의 발자취를 묵상하고 그 뒤를 한 걸음씩 따라가는 것은 제자인 우리에게만 허락된 특권이다. 예수님을 따르는 일이 멋진 이유는 이 길의 끝에 영원한 천국이 준비되어 있기 때문이다. 예수님을 따르는 이 일이 가슴 뛰는 이유는 내가 주님을 따르면 누군가는 또 나를 따르게 될 것이라는 사실 때문이다.

선생님들께 칭찬받고 야단맞으며, 사랑하고 사랑받으며, 존경하고 때로 원망하며 그렇게 우리는 어른이 되어 간다. 아직 어른이 아닌 우리는 선생님들의 마음과 생각을 다 알 수 없지만, 확실한 것이 있다. 우리는 선생님들께 배우고 있고 아직 배워야 할 것이 남아 있다는 것. 그것도 아주 많이. 그러니 선생님들을 향해 마음 가득 사랑을 담아 이렇게 인사해 보자.

"선생님, 감사합니다!"

너희는 내게 배우고 받고 듣고 본 바를 행하라 그리하면 평강의 하나님이 너희와 함께 계시리라(빌립보서 4:9).

맛있다, 성경! Honey Bible

Q   #먹방쿡방넘나재밌는것 #맛집좋아 #배고파 #1인1닭 #달콤큐티

식탁을 부탁해

〈한식대첩〉, 〈수요 미식회〉, 〈맛있는 녀석들〉, 〈오늘 뭐
먹지〉, 〈식샤를 합시다〉 등 먹방 전성시대다. 스타급 셰프
들이 출연하여 냉장고에 있는 재료만으로 15분 내에 요리
를 완성하는 〈냉장고를 부탁해〉가 인기리에 방영 중이며,
〈삼시세끼 어촌편〉에 등장하여 주부 뺨치는 요리 실력을 선
보인 차승원은 주부들의 압도적인 지지를 받으며 '차줌마'로
등극하여 먹방의 위력을 입증했다. 스타들이 맛있는 음식을

만들고 카메라 앞에서 폭풍 흡입하는 모습을 군침 흘리며 바라보는 것이 시청자들의 새로운 즐거움이 되고 있다.

먹방의 인기가 올라가면서 '맛있게 잘 먹는 것'이 인기 스타의 새로운 기준이 되었다. 먹방 스타의 원조는 영화 〈올드보이〉에서 산낙지를 통째로 잡수셨던 최민식 님, 최연소 먹방 스타는 〈아빠! 어디 가?〉의 윤후, 모든 출연작에서 각종 음식을 맛깔나게 먹어 치우신 하정우 님은 먹방계의 지존이시다. 인터넷 방송 '아프리카 TV'의 한 유명 BJ의 먹방은 매일 군침 흘리며 지켜보는 사람이 1만 명에 이른다. 청소년들에게 학교 급식의 맛은 그 학교가 좋은 학교인지 아닌지를 결정하는 중요한 기준이 되었다.

〈신식 원정대〉, 〈식신 로드〉 팀이 한 번 다녀간 식당은 유명 맛집이 되고, 전주 비빔밥, 마산 아귀찜, 수원 왕갈비, 안동 찜닭, 의정부 부대찌개 등 유명 음식은 그 지역을 대표하는 상징물이 된다. 한국인은 뭐든지 맛있게 먹고, 미국인은 뭐든지 멋있게 먹고, 영국인은 뭐든지 먹는다는 말이 있을 정도로 나라와 민족에 따라 음식을 대하는 문화가 다르지만, 맛있는 음식을 좋아하는 것은 시대와 문화를 초월하여 똑같다. 맛있는 음식은 모든 사람의 행복이요 기쁨이요 로망이다!

달콤한 음식, 달달한 인생

한 제과회사에서 출시한, 벌꿀을 바른 감자칩이 그야말로 대박을 쳤다. 한때 이 허니 버터 과자의 공급 물량이 부족해 이 과자를 구한 사람은 구국의 영웅이라 해도 좋을 정도로 귀한 대접을 받았다. 이 과자의 배송 시간을 알고 있는 손님들이 몰려와 편의점에 대기 줄이 생길 정도였으며, 다음 배송지로 이동할 때 오토바이를 타고 뒤따라가는가 하면, 어렵게 구한 이 과자 한 봉지를 뜯어서 맛만 보고 다시 중고나라에 파는 황당한 사례가 나오기도 했다. 이 열풍은 허니 버터 식빵, 허니 버터 치킨, 허니 버터 팝콘, 심지어 허니 버터 자반 고등어까지 수많은 '허니 버터' 유사 브랜드를 창출했다.

최근 예능 스타로 떠오른 외식사업가 백종원 님은 요리에 유독 설탕을 많이 넣어 '슈가 보이'로 불린다. 칼로리보다 맛을 선택한 이 레시피가 보여 주듯 단맛은 진정 맛의 여왕이다. 그동안 높은 칼로리로 인해 괄시받던 단맛에 대한 재발견이 일어나고 있다. 단맛은 위와 췌장 등의 소화기를 관장하는 건강한 맛이고, 피로 회복과 스트레스 해소에 도움을 주는 힐링의 맛이며, 상대방에 대한 호감도를 상승시켜 주는 신비의 맛이다. 사탕수수에서 설탕을 추출하기 전에는 벌꿀이 단맛을 내는 주요 재료였으니, 꿀의 가치가 높은 것은 당연한 일. 그래서일까? 시편의 다윗이 말씀의 가치를 강조하기 위해 비교하고 있는 것이 바로 꿀이다.

Honey Bible

"금 곧 많은 순금보다 더 사모할 것이며 꿀과 송이꿀보다 더 달도다"(시편 19:10). 다윗의 시대에 꿀보다 더 단맛을 내는 것은 없었기에, 꿀보다 더 달다는 것은 단맛에 대한 최상급의 표현이다. 다윗은 이 세상에 존재하지 않는 궁극의 단맛, 환상 속에나 있을 법한 달콤한 맛을 표현하고 싶었을 것이다. 벌집에서 흘러넘치는 꿀 덩어리를 가리키는 송이꿀은 최고의 즐거움과 만족과 기쁨을 뜻한다. 인간이 느낄 수 있는 가장 달달한 맛, 가장 달콤한 감정, 가장 신비로운 기분을 하나님의 말씀을 읽을 때 느낀다는 고백이다. 입안 가득히 꿀을 삼켜 혀끝에서 시작되어 온몸으로 전달되는 달콤함의 전율을 하나님의 말씀을 들을 때 느꼈다는 간증이다. 이 다윗의 고백은 거짓 달콤함으로 가득한 세상을 살아가는 우리에게 묻는다. "청소년들이여! 하나님의 말씀은 그대들에게 무슨 맛인가? 설교 말씀을 들을 때, 큐티

할 때, 성경을 읽을 때, 그대들은 달콤함을 느끼고 있는가? 세상의 헛된 달콤함에 길들여져 하나님 말씀에는 정작 달콤함을 느끼지 못하는 우리의 혀는 영적 미각 상실증에 걸린 것이 아닌가. 우리는 무엇에 대해 달콤함을 느끼는가!" 말씀의 달콤함에 빠져 살았던 다윗은 말한다. "너희는 여호와의 선하심을 맛보아 알지어다"(시편 34:8).

우리 친구들 모두 하나님 말씀을 폭풍 흡입하는 영적 먹방 스타가 되길! 맛있게 말씀 먹는 모습을 통해 주위 사람들마저 하나님의 말씀에 군침 흘리게 만들길! 달콤한 주의 말씀을 시도 때도 없이 먹어 영적 영양분으로 충만하길! 단골 맛집을 찾듯 설렘으로 교회를 향하는 십대들로 중고등부 예배실이 가득하길! 말씀을 묵상한 뒤 성경을 덮으며 우리 모두 이렇게 고백하게 되길! 아~ 맛있다, 성경!

> 금 곧 많은 순금보다 더 사모할 것이며 꿀과 송이꿀보다 더 달도다(시편 19:10).

꽃보다 엄마

🔍 #어버이날 #대체공휴일 #선물 #카네이션 #미안해고마워사랑해

Mother's Day

카네이션 바구니나 화분이 전부가 아니다. 카네이션 디퓨저, 카네이션 부토니에, 카네이션 액자까지. 종류가 다양해진 건 좋은데, 왜 이렇게 비싼 건지.(ㅠㅠ) 어느새 코앞으로 다가온 어버이날. 고급스러워 보이는 카네이션을 고르려니 허리가 휘청한다. 종이접기 가내 수공업으로 충분한 초딩 동생과 알바 시급 받아 지갑 빵빵한 대딩 누나가 부러워지는 날. 그래도 늘 받기만 하던 부모님께 뭔가 해 드릴

수 있다는 생각에 맘이 뿌듯해지는 이날은 어버이날! 영어를 사용하지 않는 세계 여러 나라 사람에게 세상에서 가장 아름다운 단어가 무엇인지를 질문한 결과, 1위가 'Mother'였단다.

'엄마'라는 말은 뭔가 가슴 뭉클하게 하는 힘을 가졌다. 나의 보호자이자 나의 친구이고, 나의 코디이며 나의 선생님이요 나의 상담가인 우리 엄마. 나를 가장 이해하는 사람이면서 나에게 가장 많이 화를 내는 사람, 나랑 가장 많이 이야기하는 사람이면서 나랑 가장 많이 싸우는 사람, 나랑 가장 친한 사람이면서 나랑 가장 어색한 사람, 가장 편하면서 가장 부담되는 사람, 가장 오랫동안 내 곁에 있길 바라는 사람이면서 언젠가 반드시 떠나야 하는 사람, 그 이름 엄마다.

어머니 마리아

'내가 아기를 가졌다고? 내가 엄마가 된다고?' 마리아는 결혼을 하지 않은 자신이 아기를 가졌다는 어처구니없는 사실을 알게 된 소녀였다. 그녀는 세상을 구원할 특별한 아기가 태어날 것이라는 구약 성경의 오랜 예언을 믿었고, 그

예언이 자신에게 임한 것을 잠잠히 받아들였다. 베들레헴 마구간에서 아기가 태어났을 때에도, 성전에서 열두 살 된 아들을 잠시 잃어버렸을 때에도, 포도주가 떨어진 난처한 결혼식장에서도, 십자가형이 거행된 골고다 언덕에서도 마리아는 끝까지 예수님의 어머니였다. "여자여 보소서 아들이니이다"(요한복음 19:26). 십자가의 마지막 순간에 어머니께 건넨 한마디에는 어머니를 향한 아들 예수님의 애틋한 마음이 담겨 있다. 마리아는 죄 없는 성인도 아니고, 조각상을 만들어 숭배할 대상은 더더욱 아니다. 하지만 마리아는 가장 순결하고 가장 겸손하고 가장 헌신적인 어머니다. 그 어머니 마리아에게서 초월적인 사랑을 배운다.

형을 속인 거짓말쟁이 동생 야곱을 숨겨 준 리브가도, 아기를 살리기 위해 갈대 상자에 넣어 강물에 던진 요게벳도, 알코올 중독자로 오해받을 만큼 간절히 기도했던 한나도 모두 어머니였다. 상식을 깨뜨리는 사랑, 편파적이고 지나친 사랑, 어떤 이론과 학술로도 설명할 수 없는 사랑. 이 이해하기 힘든 어머니의 사랑은 그래서 하나님의 사랑과 닮았다. 죄인임에도 사랑하시고, 약할 때에도 사랑하시고, 무너졌을 때에도 여전히 사랑하시는, 상식적으로는 이해불가인 하나님의 사랑은 어쩜 그렇게 엄마의 사랑과 닮았을까.

핸드폰에 찍힌 엄마의 부재중 메시지를 보고도 못 본 체하는 우리, 이른 아침 애써 차려 주신 밥상을 거들떠보지도 않고 나가 버리는 우리, 연락도 없이 늦을 때마다 밤잠 못 주무시고 기다리시는 것을 알면서도 인사도 하지 않고 방으로 들어가 버리는 우리. 우리를 향한 엄마의 짝사랑은 얼마나 더 계속되어야 할까?

다 주니까 어머니다

태어나기 전 탯줄로 엄마와 연결되어 있던 우리는, 태어난 후에도 엄마와 연결되어 있나 보다. "신이 모든 곳에 있을 수 없어서 엄마를 만들었다"라는 멋진 말처럼, 언제나 내 곁에서 나와 함께 해 주시는 우리 엄마, 나보다 나를 더 잘 아는 엄마, 나보다 나를 더 사랑하는 엄마, 매일 기다리고 매일 참아 주는 엄마.

그런데 생각해 보았니? 지난날 언젠가 엄마도 엄마의 부모님에게 꽃처럼 소중하고 사랑스러운 딸이었으며, 과거의 어느 날엔 엄마도 한 남자를 설레어 잠 못 들게 했던 꽃보다 아름다운 여인이었다는 사실을 말이야. 엄마가 때로 여자로서의 자존심과 어른으로서의 권위를 포기하는 이유가 나를 사랑하기 때문이고, 엄마가 자존심보다 더 지키고 싶어 한 것이 바로 나라는 사실을 우리가 너무 늦지 않게 깨달았으면 좋겠다.

이번 어버이날에는 아껴 둔 용돈을 꺼내 카네이션과 선물을 준비하자. 이날은 그럴 만한 가치가 충분하니까. 우리 엄마는 하나님이 지으신 온 우주에서 가장 아름다운 꽃이요, 하나님이 나에게 주신 최고의 선물이니까. 그리고 미안함과 고마움과 사랑의 무게만큼 꾹꾹 눌러 편지를 쓰자.

"사랑해요, 엄마."

또 그 제자에게 이르시되 보라 네 어머니라 하신대 그 때부터 그 제자가 자기 집에 모시니라(요한복음 19:27).

Spring

Summer

여름,
눈부신 계절을
즐기자!

토닥토닥 우리나라

🔍　　#별별나라다있네 #독도우리땅 #현충일공휴일
　　　#대한민국짝짝짝짝짝 #하나님나라

지구촌 별별 나라

　우리가 사는 지구 마을에는 230개가 넘는 별별 나라들이 있다. 세계에서 가장 큰 나라 러시아의 국토 면적은 우리나라의 171배나 되며, 가장 작은 나라 바티칸 시국은 겨우 경복궁 정도 넓이란다. 세상에서 가장 추운 마을은 영하 71도라는 기록을 보유한 러시아 시베리아 지역의 오미야콘이고, 가장 더운 지역인 이란의 루트 사막은 기온이 70.6도까지 오른다. 1인당 국민 총생산(GDP)이 가장 높은 부자 나라는 룩셈부르크이고, 가장 가난한 나라는 아프리카의 작은 나라 부룬디다. 가장 높은 곳에 있는 나라는 남아프리카에 위치한, 평균 해발 고도 1,000미터가 넘는 레소토 왕국이고, 가장 뚱뚱한 나라는 국민 평균 체중이 80.7킬로그램인 미국이며, 머리가 가장 좋은 나라는 평균 IQ가 108인 싱가포르란다. 빙글빙글 지구본을 돌려 가며 여러 나라를 찾다 보면, 아시아 맨 오른쪽 귀퉁이에 귀엽게(?) 붙어 있는 자그마한 우리나라가 보인다! 지성 팍과 연아 킴을 배출한 나라, 비빔밥, 불고기 등 외국인들도 반하는 맛있는 음식이 많은 나라, 월드컵 4강 신화로 세계를 놀라게 하고 애플과 맞짱 뜨는 유일한 나라! 작지만 당차고, 조용하지만 우렁찬 나라. 우리나라, 대한민국이다!

아프니까 조국이다

"고귀한 희생, 잊지 않겠습니다." 해마다 6월이면 국립현충원 정문에 게시되는 검은 궁서체 현수막을 보면서 왠지 모를 애잔함으로 마음이 숙연해진다. 1950년 6월 25일에 시작되어 1953년 7월 27일까지 3년 1개월에 걸쳐 벌어진 전쟁, 전 세계 16개국이 참전했으며 남북한 전체 인구의

5분의 1이 사망 또는 실종된 참혹한 전쟁이 이 땅에서 있었다. 불과 60여 년이 지난 지금, 우리는 이 땅에서 전쟁이 있었다는 사실도, 전쟁이 아직 끝난 것이 아니라 쉬고 있는 중이라는 사실도 인식하지 못한 채 살아간다. 하지만 6월이면 나라를 위해 생명을 바친 호국 영령들의 뉴스를 보며 우리나라에 대해 생각하며, 천안함 용사들 추모식 소식에 울컥하고, 위안부 할머님들 소식에 애통해하고, 일본 총리의 독도 망언에 분노하는 우리는 뼛속까지 대한민국 국민이다. 아직 전쟁이 끝나지 않은 나라, 지금도 세계에서 전쟁 가능성이 가장 높은 나라, 세계 유일의 분단국가! 겉으로는 매우 평안해 보이지만, 유난히 아픔 많고 유달리 슬픔 많은 우리나라.

이미 그러나 아직

술객들과 점쟁이들은 당황했다. 왕이 무슨 꿈을 꾸었는지 알아내고 그 꿈의 뜻을 풀이하라니! "가능할 리가 없잖아!" 그러나 다니엘은 달랐다. 뜻을 정하여 거룩함을 지켰던 레알 크리스천 다니엘에게 하나님은 환상과 꿈을 알 수 있는 특별한 지혜를 주셨기 때문이다. 다니엘은 느부갓네살 왕의 꿈을 들여다보았다. '금과 은과 놋과 철로 이루어진 거대한 신상은 세계 역사의 무대에 차례로 등장할 강하고 화려한 제국들을 뜻하는 것이구나. 그러나 어디선가 날아온 돌이 신상을 깨뜨려 가루로 만들고 거대해져 세계에 가득하게 된 것처럼, 어떤 인간의 나라도 결코 영원하지 않겠구나! 그렇구나! 비록 내 조국 유다는 멸망했지만, 하나님의 나라는 여전히 건재하구나! 바벨론의 황금빛 찬란한

문명도 호화로운 유산도 결코 영원하지 않겠구나! 오직 여호와의 왕국만이 영원하겠구나!' 하나님 나라의 꿈을 품은 다니엘은 포로로 끌려간 바벨론에서조차 뜨거운 한 생애를 살 수 있었다. 다니엘은 하나님 나라의 백성이었기 때문이다.

하나님 나라에 대한 예수님의 가르침은 선명했다. "하나님의 나라는 이미 시작되었도다! 가루 속의 누룩처럼 지금은 미약해 보이지만 점점 부풀어 마침내 인간의 모든 나라를 뒤바꿔 놓을 것이다!" 하나님의 나라에 대한 예수님의 가르침은 도전이요 격려요 희망이었다. 비록 현실은 로마의 지배 아래 살아가야 했지만 하나님 나라를 꿈꿀 수 있었던 제자들은 행복했다. 그들은 하나님 나라의 백성이었기 때문이다.

오늘의 하나님 나라는 하나님이 다스리시는 모든 영역이다. 내일의 하나님 나라는 이 땅을 하나님 나라로 만들기 위하여 분투한 그분의 백성들을 위해 예비된 곳이다. 그 나라는 아직 완성되지 않았지만, 이미 시작되었다! 내 마음이 하나님 나라가 되고, 우리 가정이 하나님 나라가 되고, 우리 학교와 학원이 하나님 나라가 되면, 우리나라 대한민국은, 분단과 전쟁과 상처와 아픔의 나라가 아니라, 진정 하나님이 다스리시는 하나님의 나라가 될 것이다. 우리 십대들이 영적 애국심으로 가슴이 활활 타올랐으면 좋겠다. 우리는 하나님 나라 백성이니까!

> 이르시되 때가 찼고 하나님의 나라가 가까이 왔으니 회개하고 복음을 믿으라 하시더라(마가복음 1:15).

지하철, 어디까지 가 봤니?

🔍 #지하철패스 #자는척하기없기 #쩍벌남싫어 #지하철막말녀 #자유

지금 열차가 들어오고 있습니다

"…승객 여러분들께서는 한 걸음 물러서 주시기 바랍니다." 착한 안내 멘트가 나오고 스르륵 도착하는 열차. 스크린도어가 열리고 쏟아져 나오는 사람들과 밀려들어 가는 사람들. 다시 문은 닫히고 덜컹거리며 어둠 속으로 사라지는 지하철. 많은 사람들을 어둠 속 터널을 따라 쉴 새 없이 실어 나르는 이곳은 지하철역이다. 서울 지하철 노선의 총 거리는 331.9킬로미터로 지하철의 본고장 런던, 뉴욕, 도쿄,

파리와 맞먹는 수준이다.

　서울 중심가의 2호선 강남역은 하루 평균 유동 인구가 무려 21만 명이나 되며, 주위에 아무것도 없는 것으로 유명한 부산 지하철 석대역은 하루 평균 120명이 이용한다. 대구 반월당역은 출구가 23개나 되지만 수도권 6호선 독바위역은 출구가 달랑 하나다. 부산 경전철 '괘법르네시떼역'은 수도권 5호선 '개롱역'과 부산 3호선 '미남역'을 제치고 특이한 역 이름 종결자에 등극했다. 신촌, 강남, 압구정 등 도심은 물론이요, 인천공항에서 강원도 춘천까지, 경기도 파주에서 충청남도 온양까지 안 가는 곳 없고 못 가는 곳 없는 대중교통 끝판왕 지.하.철! 아무리 길치라도 일단 지하철역에만 도착하면 어디든 찾아갈 수 있고 요금마저 착한 대한민국 지하철은 떼려야 뗄 수 없는 청소년들의 친구다.

지하도시, 어디까지 가 봤니?

　예술미 넘치는 베를린 지하철, 현대적 조각이 화려한 스웨덴 지하철, 고전적이고 웅장한 러시아 지하철, 공항을 연상케 하는 엄청난 스케일의 두바이 지하철까지. 여행자들의 시선을 강탈하는 아름다운 지하철들은 그 도시의 랜드

마크가 되었다. 분주한 출근길 직장인에게도, 낯선 도시를 찾아온 여행자에게도, 복잡한 도시 아래로 연결된 지하철은 땅 아래의 또 다른 세계로 가는 진입로다. 우리나라에서 가장 깊은 부산 지하철 만덕역은 지하 76미터라고 하니 9층짜리 건물을 지하에 거꾸로 세워 놓은 셈이고, 세계에서 가장 깊다는 북한 평양 지하철은 무려 110미터까지 내려간다고 한다.

깊은 땅속에 터널을 파고 선로를 놓고 전기를 연결하여 열차를 달리게 하고, 땅 위의 사람들이 땅 아래로 내려가서도 불편함이 없도록 에스컬레이터, 엘리베이터, 카페, 도서관, 공연장, 분실물 센터에 패션몰, 식당까지 각종 편의 시설을 갖추어 놓은 지하철은 현대의 첨단 기술로 이루어 낸 어메이징한 지하도시(Underground City)다.

땅속 마을, 복음을 간직하다

터키 갑바도기아(카파도키아)는 용암이 굳어 만들어진 수려한 장관으로 유명하다. 이 아름다운 곳에 '데린쿠유'라고 불리는 지하도시가 있다. 2,000여 년 전, 로마의 박해를 피해 성도들이 이주해서 살던 곳이다. 로마는 기독교를 싫어했다. 네로 황제부터 디오클레티아누스 황제까지 약 250년 간 계속된 핍박을 피해 기독교인들은 땅속 20층 깊이인 85 미터까지 굴을 파 내려가야 했다. 그 깊은 지하에 방, 부엌, 곡물 저장소뿐 아니라 예배 장소와 신학교까지, 신앙을 지키며 살아갈 수 있는 지하도시를 만든 것이다. 콘스탄티누스 황제가 기독교를 공인하게 되기까지 300년간이나 이 지하도시가 유지되었다. 신앙을 지키려고 스스로 선택한 지하도시의 삶은 그들에게 무엇이었을까? 지상의 박해자들로 인해 숨어들어야 했던 지하도시는 지상에는 존재하지 않는 가장 평화로운 신앙 공동체가 아니었을까? 지상의 도시 로마를 피해 건설한 지하의 도시는 칼과 창으로 무너뜨릴 수 없는 거룩한 하나님의 도시가 아니었을까? 땅 위의 자유로운 공기와 밝은 햇빛을 포기했기에 땅 아래에서 영혼의 진정한 자유와 빛으로 오신 예수 그리스도를 만날 수 있었던 것이 아니었을까?

스마트폰으로 드라마를 보시는 아줌마, 팔짱 끼고 주무시는 아저씨, 이어폰을 꽂고 메시지 보내는 학생. 이 익숙한 지하철 풍경 속에서 복음으로 구원받는 성경 진리를 외치는 전도자를 보았던 기억이 있다. 옷차림은 남루했지만 얼굴은 빛나던 그 전도자를 따라 내려, 어디론가 총총히 사라지는 뒷모습을 바라보며 한참을 서 있었다. 21세기 지하도시인 지하철에서 비난의 시선을 받으면서도 꿋꿋이 복음을 전하는 그의 모습은 1세기 지하도시에서 끝까지 믿음을 지키며 핍박을 견뎌 낸 지하도시 성도들의 모습과 닮았다.

　매일 지하철을 타고 내리는 땅속 마을 주민인 우리도 땅 위의 소란함과 복잡함을 잠시 떠나 순수한 믿음으로 살았으면 좋겠다. 지하철을 타기 위해 땅 아래로 내려갈 때마다 그 옛날 신앙의 자유를 위해 땅 아래에 도시를 건설했던 신앙의 선배들처럼 우리의 오염된 생각들이 깨끗해지면 좋겠다. 땅 아래 도시에 예수 그리스도를 통해 진리의 빛이 비추어지길 바라는 지하철 복음 전도자들처럼, 우리의 마음도 복음으로 뜨거워졌으면 좋겠다. 그렇게 열심히 살아가는 우리를 태우고 오늘도 달린다, 지.하.철.

　참 빛 곧 세상에 와서 각 사람에게 비추는 빛이 있었나니(요한복음 1:9).

학교를 부탁해

🔍 #학교가기싫어 #남중남고이제그만 #청소년정체성
#학교가아파요 #영적거식증

학교가 좋아? 교회가 좋아?

학교와 교회의 비슷한 점. 학교에도 담임 샘이 있고, 교회에도 담임 샘이 있다. 학교에서도 수련회를 가고, 교회에서도 수련회를 간다. 학교에서도 교장 선생님 훈화 말씀을 듣고, 교회에서도 목사님 설교 말씀을 듣는다. 학교에도 매점이 있고, 교회에도 식당이 있다.

학교와 교회의 다른 점. 학교는 일주일에 다섯 번 가고, 교회는 주일에 한 번 간다. 학교에서는 교과서를 배우고, 교회에서는 성경을 배운다. 학교에서는 급식을 먹고, 교회에서는 금식을 한다. 학교는 남중, 남고, 여중, 여고가 있지만, 교회는 모두 남녀공학이다. 학교는 늦게 가면 벌점을 받지만, 교회는 늦게라도 가면 더 반갑게 맞아 준다. 학교는 세상을 살아갈 준비를 하는 곳이고, 교회는 우리의 영원을 준비하는 곳이다.

우리는 학교에서는 학생으로, 교회에서는 크리스천으로 살아간다. 학교와 교회는 우리 크리스천 청소년들이 살아가는 두 개의 세상이다. "엄마가 좋아? 아빠가 좋아?"가 어리석은 질문인 것처럼, "학교가 좋아? 교회가 좋아?"라고 묻는 것도 바보 같은 질문이다. 둘 다 똑같이 중요하니까!

난 누구? 여긴 어디?

다니엘은 혼란스러웠다. 조국 유다는 멸망했고 여기는 낯선 땅 바벨론이다. 유다인이지만 바벨론에서 살아야 하는 다니엘, 하나님을 믿지만 바벨론 우상을 섬겨야 하는 다니엘, 신앙이 있지만 세상의 학문을 배워야 하는 열다섯 살 다니엘은 곧 학생이면서 크리스천인 우리의 모습이다. 주일에는 교회에서 하나님 말씀을 듣지만 월요일에는 학교에 가서 수업을 들어야 하는 우리. 교회에서는 창조론을 배우지만 학교에서는 진화론을 배우는 우리. 교회에서는 하나님이라고 읽지만 학교에서는 하느님이라고 써야 하는 우리.

흔히 청소년기를 정체성 혼란의 시기라고 한다. 내가 누구인지 헷갈리는 시기라는 말이다. 어린이도 아니고 어른도 아닌 우리. 어린이날도 있고 어버이날도 있는데 왜 청소년의 날은 없을까? 내가 엄마보다 키가 더 큰데 왜 나는 '청불' 영화를 볼 수 없을까? 초딩 동생은 온종일 만화를 보고 엄마는 온종일 드라마를 보면서, 내가 스마트폰 게임을 조금 하려고 하면 엄마는 왜 화를 낼까? 나는 대체 어린이인가 어른인가?

청소년이고 유다인이며 포로였던 다니엘은 신체적, 민족적, 영적 정체성 혼란이라는 3단 콤보 고통을 동시에 겪고 있었다. 이것만으로도 힘든 그에게 어느 날 더 심각한 위기가 찾아왔다.

왕의 밥상을 거절한다!

학교 급식에 익숙한 우리는 고대 왕들의 밥상을 상상하기 어렵다. 바벨론 왕의 음식이 최고인 이유는 신을 위해 만든 음식이었기 때문이다. 바벨론은 왕의 음식, 즉 신들에게 바쳤던 음식과 술을 포로들에게 먹게 했다. 여기는 바벨론이니 이제 바벨론의 문화를 따르라는 것이다. 환경이 달라졌으니 종교를 바꾸라는 것이다. 교회에서는 크리스천으로 살고, 학교에 가면 크리스천이 아닌 것처럼 살라는 것이다. 다니엘은 단호히 거절했다. 이유는 간단하다. 하나님 말씀에 그렇게 나와 있으니까! 레위기 11장에 하나님 백성은 부정한 음식을 먹지 말라고 기록되어 있고, 그렇게 말씀하신 하나님이 바벨론 땅에도 살아 계신 것을 믿었으니까!

다니엘은 모든 것이 혼란스러웠지만 단 한 가지, 하나님 말씀 앞에서는 전혀 혼란스럽지 않았다. 그 후 다니엘은 바벨론뿐만 아니라 페르시아에서까지 왕실 최고공직자로 일한 레전드급 인물로 역사에 남았다. 다니엘의 예언은 정확했고, 그대로 성취되었다. 다니엘은 역사를 움직여 가시는 하나님의 사자였다. 다니엘이 위대한 이유는 하나님이 다니엘에게 바벨론을 부탁하셨고, 역사를 부탁하셨고, 세상을 부탁하셨기 때문이다. 그 하나님이 우리에게, 우리의 세상인 학교를 부탁하신다. 하나님은 교회의 주인이시며, 동시에 학교의 주인이시니까. 학교는 우리가 살아가는 세상이니까. 지금, 대한민국 학교가 아프니까!

　크리스천인 우리는 세상을 변화시키는 사람들이고, 학교는 우리가 변화시켜야 할 세상이다. 학교가 이렇게 아픈데, 학교가 이렇게 악한데, 우리 크리스천 청소년들은 무엇을 하고 있는가. 오늘 하나님이 이 시대의 다니엘인 우리에게 부탁하신다. 사랑하는 나의 백성들이여, 학교를 부탁한다!

　하나님의 부탁을 어려운 말로 '사명'이라고 한다. 학교는 우리의 사명이다. 청소년 사명자들이여, 학교를 위해 울어야 할 것이다! 복음을 배척하고 기독교를 외면하는 친구들의 영혼을 위해 울어야 한다. 왕따와 폭력으로 아파하고, 성적 때문에 비관하는 친구들을 위해 울어야 한다! 학교를 부탁받은 우리는 학교를 위해 무릎 꿇어야 한다. 학교의 거룩함과 정결을 위해 기도하는 십대들이 구름처럼 일어날 때, 우리의 학교에 하나님의 영광이 나타날 것이다. "많은 사람을 옳은 데로 돌아오게 한 자는 별과 같이 영원토록 빛나리라"(다니엘 12:3)라는 말씀 그대로, 하나님은 학교를 향한 사명을 위해 헌신하는 우리를, 하나님 나라에서 궁창의 빛과 같이, 하늘의 별과 같이 빛나게 하실 것이다. 영.원.히.

…많은 사람을 옳은 데로 돌아오게 한 자는 별과 같이 영원토록 빛나리라(다니엘 12:3).

힘내라, 알바!

🔍 　　　　#알바 #꿀알바 #사장님나빠요 #최저시급 #소명

나, 알바 간다!

친구 몇몇이 모여 리어카에 커다란 깡통을 싣고 거리에서 군고구마를 팔던 원조 아르바이트부터 컴퓨터 앞에 앉아 인터넷 게시글에 댓글을 다는 알바까지, 그야말로 알바 천국이다. "수능 끝! 알바 시작!"을 외치며 대대적으로 알바 구직에 나선 고3들. 한 아르바이트 사이트의 경우, 수능 직후 일평균 가입자가 전월 대비 다섯 배를 넘었다고 한다. YWCA 소비자 보호 세미나 발표에 따르면, 청소년 중 40.8

퍼센트가 아르바이트를 경험했고, 여건이 되면 아르바이트를 해 보고 싶다는 응답이 80-90퍼센트라고 한다.

음식점, 패스트푸드점, 편의점에서 일하는 '일반형' 알바부터 전단 배포, 오토바이 배달 같은 '익스트림' 알바, 건설 현장, 이삿짐센터, 일일 노동직과 같은 '극한 직업 체험형' 알바까지 아르바이트 종류도 매우 다양하다. 한때 인터넷을 달구었던 '한국 민속촌 거지 알바'는 신종 꿀알바로 핫이슈가 되기도 했다. 혹시 아침잠이 없는 친구라면 모닝콜 알바를, 멍하니 앉아 있는 것을 좋아한다면 하루 4시간 동안 앉아만 있으면 되는 미술 실기생을 위한 두상 모델 알바를 추천한다.

꿀알바? 공짜는 없다

딸랑딸랑 방울 소리에 나도 모르게 고개가 돌아가고, 밥 먹으러 간 식당에서 본능적으로 물티슈를 빼서 테이블을 닦는 데다 차곡차곡 빈 그릇까지 정리하는 나를 보며 '아놔~. 지금 나 왜 이러니?'를 되뇐다. 카페 호출 진동벨에 몸이 움찔움찔, 전화벨 소리에 "감사합니다, 고객님!"이라고 우렁차게 외치는 나는 알바 직업병 환자!

　물건 가격 딱 맞춰서 돈 내는 손님, 라면 먹고 뒷정리까지 해 주는 손님, 피곤한 내 안구를 정화해 주는 훈남훈녀 손님은 대환영! 반말에 막말에 심지어 돈을 내던지는 진상 손님은 사절! 힘들게 구한 알바, 힘들게 일한 대가로 받

은 황금 같은 알바비! 룰루랄라~. 신나는 마음에 치킨 사 먹고, 피자 사 먹고, 롤(LOL) 하고, 핸드폰 요금 내고, 친구 생일 좀 챙기고 나면……? '아, 내 알바비는 어디로 간 거야.(ㅠㅠ)'

열심히 일하다가 잠깐 쉬려고 할 때면 꼭 나타나시는 사장님, 한가한 틈에 이제 밥 좀 먹자 하면 갑자기 몰려드는 손님들, 어리다고 무시하는 나이 많은 손님들, 임금이 체불되어 항의했더니 "넌 해고"라며 협박하는 나쁜 사장님들 때문에 자존심에 심한 스크래치가 나는데도 우리는 왜 알바를 하는 걸까?

일 그리고 부르심

우리 하나님은 일하시는 하나님이며 그분의 백성인 우리와 '함께' 일하기를 기뻐하신다. 우리 인간은 창조주 하나님이 하신 일의 결과로, 하나님의 형상에 따라 만들어졌으며 그분이 창조하신 '보시기에 좋았던' 세상을 가꾸고 돌보는 일을 위해 이 땅에 보냄을 받았다. "나의 양식은 나를 보내신 이의 뜻을 행하며 그의 일을 온전히 이루는 이것이니라"(요한복음 4:34)라는 말씀대로 예수님의 생애는 자신

을 보내신 분, 곧 하나님의 일을 이 땅에서 행하시는 삶이
었다. 일의 가치를 누구보다 소중히 여겼던, 일하는 선교사
바울 선생님은 데살로니가 교회에 쓴 편지에서 이렇게 호
통을 치신다. "누구든지 일하기 싫어하거든 먹지도 말게 하
라"(데살로니가후서 3:10). 하나님의 백성인 우리는 하나님께
서 허락하신 일을 기쁘게 행한다. 예수님의 제자인 우리는
예수님이 맡기신 일을 즐겁게 행한다.

  내가 공부하는 이유가 더 쉬운 직업을 택하기 위한 것이
라면, 내가 일하는 것이 그저 잘 먹고 잘살기 위해서라면,
이렇게 열심히 공부하고 한평생을 일하며 살아가는 이 모
든 시간은 얼마나 허무한 것인가. 종교개혁자 루터 선생님
이 일하는 사람들을 가리켜 '하나님의 손가락'이라고 부른
것은 의미가 참 크다. 청소년 시절의 아르바이트는 내 인생

과 나의 일과 나의 부르심을 미리 경험해 볼 수 있는 '청소년 소명 체험 학교'다. 그러니 그저 사고 싶은 것을 사는 데 부족한 비용을 채우기 위해서 일하지 말자. 남자 친구의 생일 선물비, 최신형 스마트폰 구입비를 위해서 일하지 말자. 세상의 일원으로서의 나의 존재감을 확인하고, 하나님의 일을 하기 위한 더 큰 세상을 준비하는 값진 시간으로 보내자. 힘내라, 알바!

> 우리가 너희와 함께 있을 때에도 너희에게 명하기를 누구든지 일하기 싫어하거든 먹지도 말게 하라 하였더니
> (데살로니가후서 3:10).

바다, 좋지 아니한가

🔍 #Underthesea #인어공주 #잭스패로우 #다이빙 #깊은바다깊은믿음

사랑스러운 여름 바다

얼음 송송 과일 빙수, 뒷골 시린 물냉면, 태양만큼 빨간 수박의 계절. 모기 날갯소리에 잠 못 드는 열대야와 장마, 태양의 계절 여름. 에어컨 빵빵한 백화점도 좋고 사이다를 부어 만든 엄마표 화채가 기다리는 우리 집 거실도 좋지만 여름에는 바다가 진리! 그래, 여름방학이 되면 바다로 달려 가리라! 올여름 해변의 시선 강탈자가 되겠어! 야심차게 해 변룩으로 코디를 하고 거울 앞에 서니 먼저 다이어트를 해

야 할 것 같다는 양심의 소리가 들려온다.(ㅠㅠ)

모래성 만들며 꼬꼬마 시절 추억에 빠져 보는 것도 즐겁고, 하얗게 부서지는 파도 소리는 힐링 그 자체! 맨발로 느끼는 모래의 간지러운 감촉과, 바람에 실려 오는 짭조름한 냄새마저 사랑스러운 여름 바다! 정말, 좋지 아니한가!

천지 창조 셋째 날에 하나님이 바다를 만드신 이후로 지금까지 인류는 바다를 동경했고 바다를 탐험했다. 바다를 항해한다는 것은 예기치 못한 풍랑과 폭풍, 삼킬 듯한 파도와의 생명을 건 싸움이다. 그러나 거기에는 미지의 세계를 탐험하는 스릴과 기대가 있기에 인류는 바다를 탐험해 왔다. 흰 고래 모비 딕과 싸우는 에이하브 선장의 이야기도, 사람이 되길 꿈꾸는 인어 공주의 슬픈 이야기도, 캐리비안의 해적 잭 스패로우 선장의 신나는 모험도 모두 바다가 허락한 선물이다. 바다를 사랑했던 탐험가 콜럼버스는 말한다. "잠이 꿈을 주듯, 바다는 사람에게 희망을 준다."

디즈니 애니메이션 〈인어공주〉(The Little Mermaid)에서 바다 위 세계를 갈망하는 인어공주 에리얼에게 왕궁 음악 단원인 세바스챤이 바다 밑 세계의 즐거움을 이야기하는 장면은 OST인 〈Under the sea〉의 흥겨운 리듬과 함께 시간이 흐른 지금도 여전히 많은 팬들의 기억에 남아 있다.

"Ariel, listen to me(에리얼, 들어 봐). The human world, it's a mess(인간 세상 말이야, 엉망이야). Life under the sea is better than anything they got up there(바다 밑 세상이 육지 사람들의 세상보다 더 낫다고)"(〈Under the sea〉에서). 세바스챤의 말처럼 저 깊은 바다 아래에서 벌어지는 일들을 바다 위 사람들은 알지 못한다. 그래서일까. 깊은 바다는 동경과 신비의 대상이다.

얕은 믿음 vs 깊은 믿음

청소년들의 특징 가운데 하나는 자기중심성이다. 십대들은 자신이 세상의 중심이고 모두가 자신을 바라보고 있다고 생각한다. 그래서 여학생들은 그 바쁜 등교 시간에도 고데기로 앞머리를 둥글게 말아야만 하고, 남학생들은 장래희망난에 '우주 정복'이라고 써넣으며 허세를 부리는 것이다. 이런 자기중심성은 청소년들뿐 아니라 어쩌면 모든 크리스천의 특징이기도 하다. 크리스천은 예수님을 구주와 주인으로 믿고 살아가는 사람들이다. 하나님을 가장 우선으로, 타인을 그다음으로, 나를 세 번째로 여기는 것이 크리스천이다. 그러기에 나밖에 모르는 크리스천이라는 말

은 정말 모순된 말이다. 예수님
을 믿지만 그 믿음이 단지 나의
행복, 나의 소원, 나의 꿈, 나의 미
래를 위한 것이라면 그것은 얕은 믿음
이다. 예배를 드리지만 주일 예배가 전부이
고 일상의 예배가 없다면 그것은 얕은 예배다.
기도를 하지만 하루 세 번 식사 기도가 전부
라면 그것은 얕은 기도다. 말씀을 묵상하지
만 마지못해 하는 큐티가 전부라면 그것은
얕은 묵상이다. 더 깊은 바다에서만 만날 수
있는 신비가 있듯이 더 깊은 믿음의 세계가
분명히 있다.

더 깊은 믿음으로

내 손을 넣어 보지 않고는 믿지 않겠다는, 경험한 것만을
믿는 도마는 부활을 믿을 수 없었다. "나는 부활이요 생명
이니 나를 믿는 자는 죽어도 살겠다"(요한복음 11:25)라고 하
신 주님 말씀의 깊은 진리를 깨닫기에는 도마의 믿음은 얕
은 물가에 머물러 있었다. 죽음을 통과하여 부활의 몸으로

눈앞에 나타나신 예수님을 본 순간, 도마의 입술에서 이제 껏 경험하지 못한 깊은 신앙의 고백이 터져 나왔다. "나의 주님, 나의 하나님"(요한복음 20:28, 새번역).

즉각적인 응답이 있는 기도, 당장 열매가 나타나는 봉사, 사람들의 칭찬이 따르는 헌신을 바란다면, 우리는 신앙의 얕은 물가에 머물러 있는 사람이다. 믿음의 얕은 물가에 머물러 있던 도마를 깊은 바다로 초청하셨던 예수님이 우리를 믿음의 더 깊은 곳으로 부르신다. 수련회에서, 캠프에서, 단기선교 현장에서 이제껏 경험하지 못한 더 깊은 은혜의 바다로 우리를 초청하신다. 우리, 더 깊은 믿음의 바다로 뛰어들자! 우리가 알지 못했던 진짜 은혜는 이제부터다!

> 오직 우리 주 곧 구주 예수 그리스도의 은혜와 그를 아는 지식에서 자라 가라 영광이 이제와 영원한 날까지 그에게 있을지어다(베드로후서 3:18).

So Cool~ 여름방학

#여름더워더워 #야호방학 #보충수업너무해 #내방학물어내 #쉼과안식

우아, 방학이다!

한여름 숨이 턱턱 막히는 교실, 꽉 찬 시간표, 빡빡한 수업과 바쁜 일상에 지칠 대로 지친 우리에게 들려오는 구원의 기쁜 소식이 있으니, 우아~ 여름방학이다! 기말고사여, 안녕! 교복이여, 안녕! 등교 시간에 쫓겨 먹는 둥 마는 둥 했던 아침밥을 느긋하게 즐길 수 있고, 아껴 두었던 프린트 셔츠를 꺼내 입을 수 있는, 앞머리 빗어 내리느라 애쓸 필요 없이 뒤로 질끈 묶고 집에서 뒹굴뒹굴할 수 있고, 학원

다니느라 뒤처졌던 게임 레벨을 원 없이 높일 수 있는 방학이다.

방학과 동시에 개봉한 액션 블록버스터 영화 관람, 청소년 국토 대장정, 농촌 봉사활동, 해병대 캠프 등등 하고 싶은 것도 많고 해야 할 일도 많은 우리의 여름방학! 방학 생활 계획표쯤은 초딩 시절부터 열심히 만들어 온 터라 달인이 되어 있다. 수면, 기상, 학원, 열공, 독서로 가득 채워진 생활 계획표에 짬짬이 다이어트, 독서와 여행도 빼놓지 않는다. 후후, 완벽해! 여름방학 프로젝트 완성! 야심 찬 계획으로 시작한 방학. 그러나 멀게만 보였던 개학은 빛의 속도로 다가오고, 개학 전날 밀린 숙제 앞에서 한숨을 내쉬는 우리. 텅 빈 일기장 앞에서 고민한다. 대체 내가 그날 뭘 했더라? 오기 전부터 설레고, 지나고 나면 한없이 아쉬운 여름방학을 맞이하면서 우리는 늘 생각한다. 이번 방학에는 뭘 하지?

쉬는 게 쉬는 게 아니야

'방학' 혹은 '휴가'라는 뜻의 영어 'vacation'(베케이션)과 프랑스어 'vacance'(바캉스)의 어원은 '무엇으로부터 자유로

워지는 것'을 뜻하는 라틴어 'vacatio'(바카티오)라고 한다. 프랑스 사람들은 한 달간의 바캉스를 위해 11개월을 일한다고 할 만큼 휴가를 중요하게 여긴다. 반복적인 일상으로부터 벗어나 자유로운 쉼의 시간을 보냄으로써 더 효율적으로 일할 수 있다고 생각하기 때문이다. 이처럼 방학의 원래 의미는 무엇을 '하는 것'이 아니라 무엇을 '하지 않는 것'에 있다. 하지만 전 세계에서 가장 교육열이 높은 대한민국에서 태어난 덕분에, 중학생이요 고등학생인 우리는 방학에도 좀처럼 쉬지 못한다. 대한민국 중고등학생으로서 방학에 쉰다는 것은 대단한 용기와 배짱이 필요하다.

쉰다는 것은 육체적으로 아무것도 하지 않는 것 이상의 의미가 있다. 몸은 소파에 누워 있더라도 마음이 걱정과 스트레스로 가득하다면 그것은 쉬는 것이 아니다. '주일에 예배드리다 보면, 학원에서 보충하는 다른 친구들보다 뒤처

지지는 않을까?', '2박 3일 중고등부 여름 수련회에 참여하면, 영어 캠프에 참여한 다른 아이들보다 못한 인생을 살게 되지는 않을까?' 주일에도 방학에도 우리를 쉬지 못하게 하는 생각들이다.

열심히 공부한 당신, 쉬어라!

40일은 긴 시간이었다. 마침내 빛나는 얼굴로 산에서 내려온 모세의 손에는 커다란 돌판 두 개가 들려 있었다. 돌판에 새겨진 열 개의 계명들은 이스라엘이 더 이상 파라오의 노예가 아니라 여호와 하나님의 백성이라는 증표였다. "안식일에는 쉬어라!"라는 네 번째 계명은 400년간 쉼 없이 일해 온 이스라엘 백성에게는 낯선 명령이었다. "안식"이라는 말에는 '멈추다, 그치다'라는 뜻이 있다. 하나님의 백성인 이스라엘이 쉬어야 하는 이유는 하나님이 쉬셨기 때문이다. 6일간 열심히 일하신 하나님은 7일째 되는 날 쉬셨다. 6일 동안 지으신 모든 세계가 보시기에 심히 좋았기 때문이다. 하나님이 지으신 이 세상은 7일째 되는 날에는 더 일하지 않아도 될 만큼 충분히 아름답고 충분히 완벽했다. 안식일에 쉬는 것은 창조의 완전성과 능력을 믿는 믿음의 표현이다.

바리새인들은 끝없이 무엇인가를 요구했다. 십일조, 금식, 구제, 봉사와 같은 율법의 명령들을 쉬지 않고 강요했다. 예수님은 달랐다. "내게로 와서 쉬어라!"라는 예수님의 말씀은 율법적 의무에 눌려 있던 백성들을 자유롭게 (vacance) 했다. 우리의 무거운 짐과 멍에를 벗기시고 우리를 쉬게 하시는 예수님은 우리에게 진정한 '방학'(vacation)을 주시는 분이다.

수업 일수 때문에 여름방학은 짧아지고 겨울방학은 늦춰지고 봄방학은 사라졌지만, 여전히 방학은 십대들에게 황금 같은 쉼의 시간이다. 크리스천 청소년인 우리가 진정으로 쉴 수 있는 방법은 가족 여행을 가고 최신 영화를 보고 스마트폰 게임을 하는 것이 아니다. 하나님의 백성인 우리는 하나님과 함께 쉴 때 진정한 쉼을 얻을 수 있다. 창조주 하나님이 나를 향해 완벽한 계획을 가지고 계시고, 그 계획을 오차 없이 이루어 가실 것을 믿는 믿음 안에서 우리는 쉼을 누린다. 예수님의 제자인 우리는 우리 영혼과 인생의 주인이 예수님인 것을 믿는 확신 안에서 평안히 쉰다. 짧은 방학, 맘 편히 쉬지 못하는 방학. 그러나 창조주 하나님의 백성이요 예수님의 제자인 우리는 의연한 믿음과 담대한 신앙 안에서 꿀맛 같은 쉼을 누린다. 그것이 진짜 방학이다.

수고하고 무거운 짐 진 자들아 다 내게로 오라 내가 너
희를 쉬게 하리라(마태복음 11:28).

Fall

가을,
더 깊은
사랑의 나라로!

주일은 쉽니다

🔍   #멍때리기 #멍지효 #귀차니즘 #뇌휴식 #영혼의휴식

멍 때리기 대회

안정적인 심박수로 멍한 상태를 오래 유지하는 사람이 우승자가 된다. 쉽게 말해 아무것도 안 하고 오래 있으면 이기는 것이다. 이것이 '멍 때리기 대회'의 규칙이다. '제2회 한강 멍 때리기 대회'의 경쟁률은 무려 31 대 1이었다. 이 황당한 대회에서 70명의 본선 진출자를 물리치고 가수 크러쉬가 당당히 우승을 차지했다. 만사가 귀찮은 십대들. 공부하기 싫고, 책 읽기 싫고, 밥 먹기도 싫고, 친구 만나기도

싫다. 핸드폰 만지기도 귀찮고, 마우스 클릭하기도 지겨울 때가 있다. 아무것도 안 하는 것이라면 내가 지존! 멍 때리기에 도전해 보지만 막상 아무것도 하지 않은 채로 5분만 지나면 몸이 뒤틀리기 시작한다. 꿀잼 신작 게임 광고, 쉴 새 없이 울리는 단톡방 알림, 요일별로 업데이트 되는 웹툰, 실시간 검색어의 유혹에 결국 무너지고 만다. 아무것도 안 하기가 이렇게 어려울 줄이야!

쉬어야 산다

뇌과학자 마커스 라이클 박사님의 연구에 따르면, 사람이 인지 활동을 하지 않는 동안 뇌는 '디폴트 모드' 상태가

된단다. 마치 휴대폰을 초기화시키듯이 모드 전환이 되는 것이다. 이 때문에 멍 때리는 동안 뇌가 더 활발히 활동하여 집중력이 상승하고 창의력이 높아진다는 설명이다. 그러고 보니 뉴턴은 멍 때리던 중에 떨어지는 사과를 보고 만유인력의 법칙을 발견했고, 아르키메데스는 목욕탕에서 멍하니 있다가 밀도와 부피에 대한 깨달음을 얻고 유레카를 외쳤다. 하지만 생각을 멈추고 뇌를 쉬게 한다는 것은 얼마나 힘든 일인지. 우리는 뇌를 쉬게 하려고 공부를 하지 않는 대신 핸드폰 게임을 하고, 생각을 하지 않기 위해 텔레비전을 보는 대신 웹툰을 본다. 미안하지만, 우리의 뇌는 여전히 일하는 중이다. 우리 몸이 쉬고 있다고 해도 머리가 걱정으로 가득하고 마음이 불안으로 차오른다면 쉬는 게 쉬는 게 아니다.

keep it holy

무려 400년이다. 꿈쟁이 요셉이 형들의 미움을 받아 이집트로 팔려 온 때부터 수백 년이 지나는 동안, 이스라엘은 까맣게 잊어버렸다. 그들이 누구인지, 그들이 왜 여기에 있는지, 그들이 누구의 백성인지 말이다. 이집트의 군주 파라오들은 자신들의 권력을 상징하는 거대한 성과 이집트 태양신의 신전을 짓는 일에 히브리인들을 강제로 동원했다. 지푸라기와 진흙을 재료 삼아 벽돌 하나까지 직접 만들어야 했으니 그 노동의 강도가 얼마나 대단했을지 상상조차 어렵다.

슈퍼 히어로 모세의 등장과 스펙타클한 열 가지 재앙으로 이집트를 벗어나 시내 산에 도착한 이스라엘에게 여호와께서 열 가지 명령을 주신다. 그중 네 번째 명령은 정말 특별했다. "안식일을 기억하여 거룩하게 지키라. 그날은 아무 일도 하지 말라." 수백 년간 쉬지 못했던 그들에게 얼마나 낯선 명령인지. "너희는 이제 이집트 파라오의 노예가 아니라, 나 여호와의 백성이다. 안식일이 되면 내가 쉬었던 것처럼 너희도 쉬어라. 그것은 너희가 나의 백성이라는 증표가 될 거야. 나 여호와의 백성은 일곱 날 중에 하루 일하지 않아도 굶지 않을 것이며, 그 하루를 여호와를 섬기며

헌신하더라도 결코 주리지 않을 것이다." 하나님의 약속은 허세가 아니었다. 하나님은 그분의 백성을 먹이시고 돌보시는 분이라는 사실을 광야 40년 동안 증명하셨고, 지난 수천 년 교회 역사를 통해 입증하셨다. 이제 우리 차례다.

우리 하나님의 백성들은 주일에는 주님 안에서 쉰다. 주의 날에는 나를 위한 일을 멈추고 주를 위한 일에 힘쓴다. 우리가 주일 예배를 드리는 동안 학원에서 공부하는 친구들을 보며 뒤처진다고 생각하지 않는다. 우리 하나님의 백성들은 뜨거운 수련회의 계절에 말씀 안에서 영혼의 참 쉼을 누린다. 간절한 기도를 통하여 미래에 대한 걱정을 쉬고 내일에 대한 염려를 멈춘다. 불어오는 바람에 몸을 맡긴 채 수천 킬로미터를 비행하는 알바트로스처럼, 더 멀리 더 오래 날기 위해 은혜의 바람에 우리 인생을 맡기고 날갯짓을 쉬는 것이다. 그것이 하나님 백성인 우리가 쉬는 법이다.

안식일을 기억하여 거룩하게 지키라(출애굽기 20:8).

자원봉사, 최선입니까?

#봉사점수 #봉사스펙 #봉사시간채우기 #꿀자원봉사 #봉사는사명

보람 혹은 짜증

쉬워야 한다. 지루하지 않아야 한다. 봉사 시간을 많이 인정받을 수 있어야 한다. 꿀 봉사활동의 3대 조건이다. 관공서 청소나 서명 운동은 기본. 유기견 산책, 독거 어르신들과 일촌 맺기, 시각장애인을 위한 책 낭독, 외국 학생들과 미션 수행하며 한국 문화 체험하기, 인터넷 선플 달기, 한번에 봉사 시간 4시간 확보되는 헌혈까지! 중고생 봉사활동이 교육과정으로 결정된 1995년 이후, 1년에 평균 20시간 이상을 채워야 하는 봉사 시간은 중간고사, 기말고사, 수행평가, 내신 관리, 수능 준비로 정신없이 바쁜 대한민국 중고생들에게 또 하나의 부담이 되어 버렸다.

그런데 이상하지 않니? 봉사 시간을 채워야 한다는 의무감에 어쩔 수 없이 신청한 것인데도 불구하고, 시험 끝난 주말에 친구들과 봉사활동하고 돌아올 때는 왠지 모르게 뿌듯함이 느껴지니 말이야. 다른 사람보다는 나를 위해서 살아가는 것이 우리의 자연스러운 본성인데, 다른 사람에게 봉사한다는 것, 남을 위해 무언가 할 수 있는 일이 있다는 것은 참 멋진 일이다. 오늘도 봉사활동을 찾아 자원봉사센터 홈페이지와 각종 봉사활동 사이트에 접속하는 청소년들에게 묻고 싶다. 진정 '자원' 봉사입니까?

봉사 스펙 쌓기?

'봉사'라는 말과 가장 어울리지 않는 말은 '의무' 아닐까. 진학 입학 원서와 자기소개서 항목에 봉사에 대한 내용을 쓰는 항목이 있으니까 의무적으로 봉사활동을 신청하고 억지로 그 시간을 보내기도 하는 우리의 모습. 어떤 이들은 자원하지 않는 봉사는 의미가 없다고 말하기도 하지만, 그

렇게라도 하지 않으면 청소년 시기에 우리가 다른 사람에게 봉사하는 것은 사실상 불가능하다. 자원하는 마음이든 의무적인 마음이든 봉사활동 자체는 아름답고 의미 있는 일이다. 중요한 것은 그 봉사활동을 내 인생과 미래를 위한 스펙이라고 생각하지 않아야 한다는 것이다.

살아 있을 때 선행의 공적을 쌓아야 천국에 이른다는 가르침은 여러 종교에서 주장하는 교리다. 가난한 사람을 돕고, 아픈 사람을 보살피고, 외로운 사람과 함께하는 것은 아름다운 봉사활동이다. 그러나 봉사의 결과로 내 영혼이 구원받고 천국에 이른다고 생각해서 봉사한다면 그것은 성경과 정반대의 믿음이다. 성경 66권은 우리가 행한 어떤 선행이나 봉사가 우리를 구원에 이르게 하지 않고, 오직 예수 그리스도를 믿는 믿음이 우리를 구원에 이르게 한다고 말한다. 선행과 봉사를 통해서 천국행 티켓을 따내는 것이 아니라, 믿음으로 이미 천국의 시민이 되었기 때문에 천국 시민답게 선을 행하며 타인을 도우며 살아가는 것이다. 우리는 살아서 선을 행한 결과로 죽어서 천국에 가는 것이 아니라, 천국이 아닌 이 땅을 살아 있는 동안 천국으로 만들어가기 위해 사는 것이다.

점수? No! 사명? Yes!

임금님의 갑작스러운 칭찬에 오른편 사람들은 어리둥절했다.

"저희들이 임금님께 음식과 마실 것과 입을 것을 드렸다고요? 저희는 그런 적이 없는데요?"

"아니야, 너희 곁에 있는 작은 형제에게 한 것이 바로 나에게 한 것이야."

이어지는 난데없는 꾸지람에 왼편 사람들도 난감했다.

"저희가 임금님이 배고프실 때 음식을 드리지 않고 목마르실 때 마실 것을 드리지 않았다고요? 그럴 리가요!"

"아니야, 너희들과 함께 있는 작은 형제에게 하지 않은 것은 나에게 하지 않은 것과 같아!"

예수님이 들려주신 이 이야기 속에서 봉사에 대한 예수님의 마음을 느낀다. 우리 곁에 있는 작은 사람에게 한 것이 바로 예수님께 한 것이다. 우리 예수님은 봉사를 위해 이 땅에 오셨다. 주님의 봉사와 섬김은 3년이 넘는 그분의 삶에서 매 순간 확인되고, 골고다 십자가에서 빛을 발한다. 주님은 온 인류의 구원을 위해 죽기까지 봉사하셨다. 내가 아닌 타인을 위해 내 시간과 땀을 사용하는 것은, 봉사 시간을 채우는 것이나 인간적인 보람을 느끼는 것보다 훨씬 더 가치 있다. 우리는 예수님을 사랑하니까 봉사한다.

70억이 모여 사는 지구촌 마을의 시민인 우리는 어쩔 수 없이 다른 사람들과 더불어 살게 되어 있다. 만약 세상 모든 사람이 자기만을 위해서가 아니라 타인을 위해 살아간다면? 이 땅의 청소년들이 의무가 아닌 기쁨으로 다른 사람을 위해 봉사한다면? 그 봉사의 결과가 나에게 돌아오지 않더라도 그 자체를 보람과 만족으로 여기게 된다면? 예수님처럼 세상을 섬기는 사람들이 지금보다 더 많아진다면? 그렇다면 우리 세상은 아주 많이 달라질 것이다. 크리스천인 우리에게 봉사는 점수가 아니라 사명이다.

"친구야! 우리 봉사활동 가자!"

형제들아 너희는 선을 행하다가 낙심하지 말라

(데살로니가후서 3:13).

I love a dog

#귀여움주의 #애견카페 #애견미용 #산책은힘들어 #책임감

또 하나의 가족, 반려견

고양이, 햄스터, 열대어, 거북이를 키운다면 초급레벨. 이구아나, 타란튤라, 사막여우, 원숭이라면 중급레벨. 프레리도그, 전갈, 나무늘보, 스컹크를 키우고 있다면 만렙! 천차만별 천태만상의 애완동물들. 그러나 애완동물계의 지존은 역시 독보적인 존재감을 드러내는 애완견! 페이스북과 인스타그램에는 스타들의 애견 사랑 인증샷이 심심치 않게 올라온다. 스타들이 예쁜 반려견들을 끌어안고 뽀뽀하며 찍은 사진을 보고 있노라면 '나도 반려견을 키우고 싶다'는 욕망이 솟구쳐 오른다.

귀염 터지는 외모와 멋진 털의 코카스파니엘. 프랑스 귀족 외모의 푸들. 까만 코에 하얀 털을 가진 몰타 섬의 공주 말티즈. 도도하고 세련된 외모를 자랑하는 포메라니안. 통통 튀는 영국 신사 요크셔테리어. '악마견'이라도 좋다, 최고 인기쟁이 비글! 영리하고 사교적인 귀염둥이 시츄. 고급진 매력이 치명적인 비숑프리제. 아! 심쿵하게 만드는 귀염둥이들!

귀여움이 전부가 아니다. 시각장애인 안내견, 인명 구조견, 마약 탐지견, 경찰견, 군견까지 똘똘하고 든든한 멍멍이들은 인간의 오랜 친구다. 최근, 애견 인구가 늘면서 반려견들을 위한 각종 편의 시설들이 속속 등장하고 있다. 주인 없는 집을 홀로 지키는 애견을 위한 'Dog TV'는 어느새 가입자 1만 가구를 돌파했다. 유기농 쿠션과 장난감을 갖춘 애견 호텔을 이용하며, 애견 전용 수제 간식을 먹고, 애견 미용실에서 털 관리와 특별 체형 관리를 받는 우리의 멍멍이 친구들!

사랑 그리고 책임

애견숍 유리창 너머로 보이는 쌔근쌔근 잠든 모습과 오물조물 물 마시는 모습에 홀딱 반해 엄마를 조르고 졸라 강아지를 사고야 말았지만, 배변훈련 시키기, 패드 갈아 주기, 목욕시키기, 산책 가기, 병원 다니기는 정말 어렵고 귀찮다. 그래서인가! 날마다 수없이 많은 유기견들이 생겨난다. 휴가철 피서지에, 쓰레기봉투에, 하수구에, 주차장에 무참히 버려져 털이 빠진 채로 오들오들 떨며 주인을 하염없이 기다리는 강아지들을 다룬 뉴스를 보노라면, 부글부글 화가 끓어오른다. 예쁘고 귀여웠던 아기 강아지들이 성견이 되어 털이 빠지고 나이가 들어 대소변을 가리지 못하게 되었다고 해서, 생명에 대한 책임감도 존중도 없이 매정하게 외면해 버리는 인간의 악한 마음은 대체 어디서 온 것일까?

일본 도쿄 시부야역 앞에는 강아지 하치와 주인 우에노 교수의 동상이 있다. 기차로 출퇴근하는 우에노 교수를 배웅하는 것은 하치의 즐거운 일과였다. 우에노 교수가 갑작스럽게 세상을 떠나자, 하치는 17개월 동안 자기를 키워 준 주인을 잊지 않고 기차역에서 주인을 기다렸다고 한다. 무려 10년 동안! 주인을 향한 애견 하치의 충성스러운 사랑은 그렇게 인간인 우리를 잠잠히 가르치고 있다. 모든 사랑에는 책임이 따른다는 사실을 말이다.

사랑의 명령

하나님의 형상으로 지음 받은 인간과는 달리 동물은 영혼이 있는 존재로 지음 받지는 않았다. 하지만 동물이나 인간 모두 하나님이 선한 계획 가운데 지으신 아름답고 멋진 피조물들이다. 노아 할아버지가 만든 방주에 동물들을 빠짐없이 챙겨 태우시는 하나님의 모습에서 느낄 수 있듯이 우리 하나님은 모든 동물을 사랑하신다.

생김새가 귀여우니까, 재롱을 잘 피우니까, 내가 시키는 일을 잘하니까 예뻐하다가도, 더 이상 나를 위해 무언가를 할 수 없게 되고 예뻐할 만한 그 무엇이 사라지면 싫어지고 부담스럽고 외면하고 싶은 무책임한 마음은 사랑도 애정도 아무것도 아니다. 단언컨대, 그런 사람은 강아지를 키울 자격도 사랑할 자격도 없다. 예쁜 옷을 사 주고, 애견 미용실에 데려가고, 사진을 찍어 인스타그램에 올리는 것보다 더 중요한 것은 사랑에 대해 끝까지 책임을 지는 것이다. 사랑은 감정이 아니라 책임 있는 '행동'이다. 예수님은 사랑한다고 입술로 말하는 대신, 십자가를 지고 묵묵히 언덕을 오르

셨다. 이 고요한 행동이 바로 사랑이다.

천지를 창조하신 하나님이 첫 번째 사람인 아담에게 주신 다음 말씀은 우리 모두를 향한 것이다. "하나님이 그들에게 복을 주시며 하나님이 그들에게 이르시되 생육하고 번성하여 땅에 충만하라, 땅을 정복하라, 바다의 물고기와 하늘의 새와 땅에 움직이는 모든 생물을 다스리라 하시니라"(창세기 1:28). 하나님은 그분이 지으신 모든 생물을 우리에게 맡기셨다. 그 하나님이 그 모든 생물을 잘 다스리라고, 책임 있게 사랑하라고 오늘도 우리에게 말씀하신다.

애완동물은 힘든 사춘기를 이겨 내는 데 도움을 주는 도구가 아니다. 인간인 우리의 외로움을 채워 주는 봉제인형도 아니다. 하나님의 백성인 우리에게는 강아지, 고양이, 햄스터, 열대어를 하나님을 대신해서 다스리고 사랑할 책임이 있다. 우리 모두 책임 있는 명령의 수행자가 되자. 동물을 사랑하는 것은 동물 애호가들의 캠페인이 아니라, 우리와 애견 친구들을 지으신 하나님의 자상하면서도 준엄한 명령이니까.

하나님이 그들에게 복을 주시며 하나님이 그들에게 이르시되 생육하고 번성하여 땅에 충만하라, 땅을 정복하

라, 바다의 물고기와 하늘의 새와 땅에 움직이는 모든

생물을 다스리라 하시니라(창세기 1:28).

십대는 열공 중

🔍 #공부의신 #닥공 #대학가면살빠질까 #죽도록공부해도안죽는다

열공 시대

프랑스인 라가르드 국제통화기금 총재(이하 '프')와 한국인 김용 세계은행 총재(이하 '한')의 대화다.

프: 국제학업성취도평가(PISA)에서 한국은 늘 핀란드와 1, 2위를 다투지 않습니까. 한국 학생들의 성적이 우수한 이유가 뭡니까?

한: 핀란드 학생들은 8시부터 3시까지, 한국 학생들은 8

시부터 11시까지 공부합니다.

프: 겨우 3시간 공부하면서 어떻게 그렇게 성적이 좋죠?

한: 오전 11시가 아니라 오후 11시까지입니다.

프: ······.

영국 학교의 하교 시간은 빅토리아 여왕 시대부터 3시 30분이었단다. 100년이 넘은 이 전통을 깨고 영국도 수업을 연장하기로 했다는데 그 롤모델이 바로 한국이란다. 대한민국 십대들의 책상에 붙어 있는 열공 명언들을 보라. "그 성적에 잠이 오니?", "공부는 보험이고 찍기는 도박이다", "눈이 감기는가? 그럼 미래를 향한 눈도 감긴다", "닥치고 열공"과 같은 협박성 명언부터, "오늘 걷지 않으면 내일은 뛰어야 한다", "불가능이란 노력하지 않는 자의 변명이다", "지금 자면 꿈을 꾸지만 지금 공부하면 꿈을 이룬다"라는 식의 감동형 명언에, "공부하면 재수 없다", "2호선 타자", "포기는 배추 셀 때나 하는 말", "죽도록 공부해도 죽지 않는다"와 같은 자극형 명언까지 글귀 하나하나 간절하다 못해 비장하다. 세계에서 가장 많이 공부하고 세상에서 가장 오래 공부하는 대한민국 학생들. 그런데 우리는 왜 행복하지 않을까?

대학이 진리?

엄마아빠에게 귀 따갑게 듣는 말. 대학 가면 예뻐진다, 대학 가면 살 빠진다, 대학 가면 여자 친구 생긴다. 대학은 정말 우리의 모든 소원이 이루어지는 곳일까? 대학은 정말 청소년들에게 젖과 꿀이 흐르는 땅일까? '큰 배움터', '진리의 전당'이라는 뜻을 가진 '대학'(大學)은 과연 진리 그 자체일까?

만일 대학에 가기 위한 지식을 채우느라 복음에 관한 진리를 담을 공간이 없다면, 영어 듣기 평가 때는 원어민 발음 하나 놓치지 않으려고 숨죽이면서도 하나님 말씀은 귀 기울여 듣지 않는다면, 인강 노트 필기하려고 몇 시간이고 동영상을 반복 재생하면서도 하나님 말씀이 선포되는 주일 예배 시간에는 30분도 집중하지 못한다면 뭔가 잘못된 것 아닐까? 일주일 내내 책가방 끈이 헐거워질 만큼 무겁게 문제집을 가득 가지고 다니는 우리가 주일에는 손바닥만한 성경책 한 권 챙기지 않는다면 뭔가 크게 이상한 것 아닐까? 중간고사, 기말고사, 모의고사 점수가 오르고 내리는 것에 울고 웃는 우리가 영적인 상태가 시들해지고 하나님과의 관계가 서먹해진 것에는 아무렇지도 않다면, 과연 우리는 누구인가!

진리를 열공하라

아테네의 지식인들은 비웃었다. 바울이 전하는 부활의 메시지는 정말 몰상식한 이론이었다. 세계 학문의 중심지였고 진리 탐구의 전당이었던 아테네였지만, 정작 영원한 진리이신 예수 그리스도를 거부했다. 그러나 베뢰아의 지성인들은 진지했다. 그들은 바울로부터 전해 들은 하나님의 말씀을 깊이 연구했다. 인생의 진리 앞에서, 영원한 삶과 죽음을 결정하는 말씀 앞에서 겸손하고 진중했다. 하나님의 말씀에 대한 그들의 반응은 그들의 영원을 결정했다. 2,000여 년이 지난 지금도 바울이 전한 진리의 복음은 어떤 이들에게는 비웃음의 대상이고 어떤 이들에게는 인생을 걸만한 가치 있는 진리다.

우리, 열심히 공부하자. 그냥 공부해서 수능 점수 나오는 대로 대학에 가고, 그저 그렇게 살아가기에는 우리의 인생이 너무나 찬란하다. 하나님을 알기 위해 공부하고, 하나님이 지으신 이 세계를 더 잘 알기 위해 공부하자. 수학을 공부하면서 하나님이 얼마나 논리적인 분인지 발견하고, 영어를 공부하면서 하나님이 지으신 언어가 얼마나 부요한지 감탄하고, 미술과 음악을 공부하면서 하나님의 예술성에 감동하자.

우리, 진리를 배우기에 힘쓰자. 진리가 여럿이라고 주장하는 시대, 영원한 진리는 없다고 가르치는 이 시대의 속임수를 거부하자. 하나님이 나를 세상에 보내신 목적을 발견하고 이루기 위해 그 누구보다 열심히 공부하자. 그리고 혹여 내가 공부한 결과가 기대한 것에 미치지 못하더라도, 혹시 나에게 주어진 점수 때문에 내 인생 계획을 일부 수정하게 될지라도, 하나님의 말씀을 알아 가고 예수님의 진리를 탐구하는 일에 실패하지는 말자. 하나님이 어떤 분인지, 예수님이 말씀하시는 하나님의 나라는 무엇인지, 성령님의 역사는 무엇인지 깨닫는 이 영원한 지식을 포기하지는 말자. 시험에 나오지 않아도, 내신 등급에 영향을 주지 않아도, 이것이 영원한 진리요 이것이 진정 우리가 알아야 할 모든 것이니까. 그렇게 열공 포에버!

진리를 알지니 진리가 너희를 자유롭게 하리라

(요한복음 8:32).

인생샷을 위하여

🔍　　　　　#얼짱각도 #셀기꾼 #셀카봉얼마 #프사기 #인생샷

셀카 예쁘게 찍는 법

핸드폰을 45도 위로 든다. 눈을 치켜뜬다. 얼굴이 갸름해 보이도록 한 손으로 볼을 가린다. 핸드폰 든 팔을 최대한 길게 뺀다. 피부가 하얗게 나오는 셀카어플은 필수. 준비 완료. 김치~ 치즈~ 스마일~ 찰칵! 고도의 촬영 테크닉과 무한 후보정으로 다시 태어난 나의 사진. 이렇게 찍은 사진으로 프사를 올리면~ 후훗! 프사기(프로필 사진 사기), 셀기꾼 (셀카 사기꾼)이라 불려도 좋다. SNS를 통해 지구마을 모든

사람이 나를 볼 수도 있으니까.

예쁘고 멋진 셀카를 찍기 위한 십대들의 노력은 눈물겹다. 하지만 여행 중에 찍은 셀카를 페북에 올리거나 해변 의자에 누워 발끝을 찍은 사진을 보내서 카톡 친구들의 부러움을 사는 재미에 비하면 그 정도 노력쯤은 아무것도 아니다. 내 일생일대 최고의 사진인 인생짤을 찍기 위해 목숨을 거는 십대들도 있다. 궁극의 셀카를 찍으려다 고압 전선을 밟기도 하고, 고층 빌딩 옥상이나 심지어 맹수 앞에서 셀카를 찍으려는 무리수를 두기도 한다. 셀카봉의 폭발적 인기는 세계적으로 식을 줄을 모른다. 대체, 셀카가 뭐기에?

누구냐 넌?

셀카에 해당하는 영어 표현 '셀피'(Selfie)는 2013년 옥스포드 사전이 선정한 올해의 영어 단어로 뽑혔다. 셀카의 매력은 내가 원하는 나의 모습을 스스로 연출할 수 있다는 것이다. 셀카는 SNS 프로필에 올려야 하기에, 프사는 곧 인터넷 공간의 나이기에 꾸밀 수 있는 한 최대로 꾸며야 한다.

'상상적 청중'이라는 말이 있다. 청소년기에는 주변의 모든 사람이 자기를 지켜보고 있다고 상상한다는 것. 십대인 우리는 교실에 들어가거나 버스에 타거나 패스트푸드점에 가거나 중고등부 예배실에 들어갈 때, 나를 보고 있는 수많은 상상 속의 청중들을 의식한다. 그래서 자신을 보고 있는 청중들을 실망시키지 않기 위해 외모를 가꾸는 일에 열심을 다하는 것이다. 그렇게 예쁘게 가꾼 모습을 찍은 사진은 당연히 예쁘게 나와야 하고, 당연히 내 마음에 들어야 한다. 그러기에 십대들에게 셀카는 남들에게 보여 주기 위한 내 모습을 연출하고 가꾸는, 무엇과도 바꿀 수 없는 소중한 작업이다. 수백 장 중에서 고르고 고른 사진으로 프사를 바꾸면서 우리는 생각한다. 근데, 이게 나 맞아?

셀카보다 더 아름다운 우리

핸드폰 카메라를 바라보고, 앞머리를 손으로 빗어 가며 셀카 놀이에 열중인 십대들의 모습 속에는, 실제 내 모습보다 더 예쁘고 더 멋진 모습을 보여 주고 싶은 마음이 엿보인다. 조금이라도 더 예쁘게 보이고 싶은 마음에 셀카를 찍고 또 찍지만, '헐! 내가 이렇게 뚱뚱해? 내 얼굴이 이렇게 커? 내 다리가 이렇게 짧아?'라는 생각에 수없이 많은 사진을 찍고 지우기를 반복하는 우리는 우리 자신의 아름다움

있는 그대로도 충분히 예쁜데…

을 다 알지 못한다. 하나님의 자녀인 우리의 참모습은 어플로 후보정한 프사보다 훨씬 환상적이고 러블리하다는 것을 십대들은 알고 있을까?

꼭 기억하자. 하나님의 눈에 비친 우리의 모습은 얼짱 각도로 찍은 셀카보다 훨씬 더 예쁘다는 사실을. 키작남 삭개오, 바람둥이 삼손, 변덕쟁이 베드로, 따돌림 당하던 중풍병자……. 사람들에게는 비호감이었던 그들도 하나님의 눈에는 너무나 아름다운 하나님의 백성이었다는 사실을. "그가 너로 말미암아 기쁨을 이기지 못하시며 너를 잠잠히 사랑하시며 너로 말미암아 즐거이 부르며 기뻐하시리라"(스바냐 3:17)라는 말씀처럼, 우리를 만드신 그분의 눈에는 우리 모두가 사랑스럽기 한이 없는 하나님의 자녀들이라는 사실을.

새롭게 시작하는 1년 365일, 하루하루, 우리가 살아가는 장면들을 놓치지 않고 순간 포착하시는 분이 계심을 기억했으면 좋겠다. 그렇다. 하나님이 찍으시는 사진들이 있다. 연출이 불가능하고 후보정은 더더욱 불가능한 이 하늘나라 사진기에, 찍히고 싶지 않은 굴욕의 순간들이 올 한 해에는 없었으면 좋겠다. 하나님의 핸드폰에 영원한 기록으로 남는 우리의 푸른 십대의 시간들이, 하나님이 꺼내 보시고 심쿵 하실 만한 멋진 한 장의 사진이었으면 좋겠다. 그렇게 우리, 하나님 앞에서 하나~ 둘~ 셋~ 치즈~~!!

> 너의 하나님 여호와가 너의 가운데에 계시니 그는 구원을 베푸실 전능자이시라 그가 너로 말미암아 기쁨을 이기지 못하시며 너를 잠잠히 사랑하시며 너로 말미암아 즐거이 부르며 기뻐하시리라 하리라(스바냐 3:17).

이어폰, 너의 목소리가 들려

🔍 #블루투스이어폰 #박태환헤드폰 #이어폰한쪽고장 #줄감개 #최강음질

이어폰, 뭣이 중헌디?

착용감이 좋아야 한다. 음질은 기본, 해상도와 밸런스도 중요하다. 차음성이 좋아야 하며 타격감까지 갖추었다면 궁극의 이어폰. 이어폰은 스마트폰과 함께 십대들에게 없어서는 안 되는 필수 아이템이다. "또 고장이야.(ㅠㅠ)" "내 가방 속에는 이어폰 줄을 꼬아서 묶어 놓는 요정이 살고 있는 게 틀림없어!" 엉켜 버린 이어폰 줄을 급하게 풀다 보면 무리가 생겨 접촉 불량으로 고장 나기 일쑤다. 새로 사도

또 고장이 나 책상 서랍에서 뒹구는 이어폰이 벌써 몇 개인지……. 새 이어폰을 사기 위해 인터넷몰을 뒤지고 이어폰 매장을 찾는 십대들. 착용성이 좋은 커널형 이어폰도 있고, 음질이 뛰어난 오픈형 이어폰도 있다. 가성비 좋은 가격 착한 저가형 이어폰도 있지만, 마린보이 박태환이 즐겨 쓰는 노이즈 캔슬링 기능을 갖춘 블루투스 헤드폰은 수십만 원을 훌쩍 넘는다. 수많은 이어폰 중에 내 귀에 꼭 맞고 나를 만족시키는 이어폰을 고르기란 생각보다 어렵다. 이어폰이 난청을 유발하고 청력을 손상시킬 수 있다는 말을 모르는 것은 아니지만, 이어폰을 포기할 수는 없다. 더 좋은 소리를 더 깨끗하고 더 정확하게 듣고 싶으니까.

십대, 소리에 집중하다

이어폰을 귀에 꽂고 있는 십대들을 어디서나 만날 수 있다. 교실에서 거리에서, 손에는 스마트폰을 들고 귀에는 이어폰을 꽂은 채 고개를 끄덕거리기도 하고 흥에 넘쳐 어깨를 들썩이기도 한다. 이어폰을 꽂은 채 길을 건너다가 빵빵거리는 자동차 소리를 듣지 못해 아찔한 상황이 벌어지기도 한다. 영어 공부할 때, 인강 들을 때, 지하철에서 드라마

볼 때, 버스에서 예능 볼 때, 독서실에서 좋아하는 아이돌의 신곡을 들을 때, 이어폰은 머스트해브 아이템이다.

그뿐인가. 엄마의 잔소리가 듣기 싫을 때, 동생이 떠드는 소리가 짜증 날 때, 아빠랑 오빠가 축구 중계 보며 흥분하는 소리가 신경 쓰일 때, 이어폰은 얼마나 고마운 물건인지! 다른 사람을 방해하지 않으면서 내가 듣고 싶은 소리를 듣고 싶을 때, 내가 듣고 싶은 소리를 다른 소리에 방해받지 않으면서 듣고 싶을 때, 이어폰은 필수다. 이어폰을 귀에 꽂고 무언가를 듣고 있는 청소년들에게 다가가 어깨를 두드리며 이렇게 묻고 싶다. "무엇을 듣고 있니?"

I am the voice

"나는 광야에서 외치는 소리다(I am the voice)." 권력자 헤롯은 세례 요한의 소리가 지긋지긋했다. 민족을 배신하고 얻은 헤롯의 권력은 영원하지 않을 것이라고, 약속된 메시아가 와서 이스라엘을 구원할 것이라고 외치는 사막의 선지자 요한은 통제 불능이었다. 세례 요한의 날 선 회개의 외침 소리를 참다못한 헤롯은 그를 붙잡아 참수형에 처한다. 그러나 요한은 죽었어도 그의 소리는 여전히 살아 있었다. 요한의 외침 그대로 예수님이 등장하셨고, 헤롯의 제국 로마는 무너졌지만 예수님의 나라는 지금도 강성해 가고 있다.

"빛이 있으라"(창 1:3) 하시며 천지를 말씀으로 창조하신 하나님의 소리도, "내가 곧 길이요 진리요 생명"(요한복음 14:6)이라고 말씀하신 예수님의 소리도, 문자로 기록되기 전에 소리로 먼저 존재했다. 문자로 기록된 하나님의 소리를 우리는 소리 내어 읽고, 소리 내어 암송하고, 소리로 전해지는 설교를 듣는다. 세례 요한이 광야에서 예수님의 오심을 외치는 소리로 살았던 것처럼, 광야 같은 세상에서 예수님의 다시 오심을 전하는 소리로 살아가는 것이 크리스천인 우리의 정체성이다. 그렇다. 우리가 소리다!

성경은 믿음은 들음에서 난다고 말한다. 우리가 듣는 것은 우리가 누구인지를 말해 준다. 우리는 하나님의 자녀들인가? 그렇다면 우리는 하나님의 소리를 듣고 있는가? 오늘도 스마트폰에 이어폰을 꽂고 플레이리스트를 검색하며 유튜브와 SNS에서 동영상을 찾는 우리가 세상의 수많은 소리들 가운데 꼭 들어야 할 소리를 놓치지 않았으면 좋겠다. 하나님이 이 시대를 향해, 나를 향해 말씀하시는 소리에 집중할 수 있으면 좋겠다. 우리가 하나님의 소리를 들을 때, 우리는 세상을 향한 소리로 살아갈 수 있으니까. 우리, 하나님의 소리에 귀 기울이자. 우리의 두 귀에 말씀의 이어폰을 꽂는 순간 세상의 소리는 사라지고, 하나님의 소리가 선명히 들려올 테니. 쉿, 조용히! 자, 이제 플레이!

그러므로 믿음은 들음에서 나며 들음은 그리스도의 말씀으로 말미암았느니라(로마서 10:17).

Fall

Winter

겨울,
성장의 기적이
일어나는 때

분노 사용 설명서

🔍 #인사이드아웃 #분노조절장애 #하지마소개팅 #분노폭발 #거룩한분노

내 안에 헐크 있다

사람의 감정에 대한 유쾌한 상상이 빛나는 애니메이션 영화 〈인사이드 아웃〉에는 사람의 머릿속 감정 컨트롤 본부에서 열일 하는 기쁨(Joy), 슬픔(Sadness), 버럭(Anger), 까칠(Disgust), 소심(Fear) 이렇게 다섯 가지 감정이 등장한다. 주인공 사춘기 소녀 라일리는 이사와 전학으로 새로운 환경에 적응하는 과정에서 감정의 위기를 맞는다. 어린 시절 추억들의 자리에 낯선 감정들이 대치하게 되면서 가족, 친구

들과의 관계는 뒤죽박죽이 된다. 영화는 말한다. 인간은 복잡한 감정의 상호 작용 속에서 살아가는 존재이고, 청소년들은 다양한 감정의 변화에 직면하는 시기라고.

라일리와 같이 십대들은 감정을 조절하는 것에 익숙지 않다. 환경에 예민하게 반응하는 청소년들은 감정을 제대로 다루지 못해 때로 극단적인 행동을 한다. '분노 조절 장애'라는 용어가 있다. 화가 나면 혈류가 증가하고 호르몬이 분비되면서 전두엽 기능이 떨어져 정상적인 판단과 행동이 불가능한 상태가 되는 증세를 말한다. 성인 10명 중 한 명은 분노 조절 장애를 겪고 있다고 한다. 분노 조절 환자 연령별 통계를 보니 5위는 10대 여성, 4위 40대 남성, 3위 30대 남성, 2위 20대 남성이란다. 대망의 1위는 바로 10대 남성이다. 여름에는 덥다고 화내고, 겨울에는 춥다고 화내고, 아침에는 엄마가 일찍 깨웠다고 화내고, 지각하면 늦게 깨웠다고 화내고, 게임이 맘대로 안 된다고 화내고, 급식이 맛없다고 화내고. 하루에도 몇 번이나 분노 게이지가 상승하는 우리의 모습. 화내지 않는 사람은 없다. 그러나 필요 이상으로 화를 내는 사람은 문제가 있다. 그리고 정작 화를 내야 할 순간에 화내지 않는 사람은 더 큰 문제다. 크리스천으로 살면서 뭐가 옳은지, 뭐가 그른지, 뭐가 잘못되었는지, 뭐가 죄인지, 아무 느낌도 없다면 심각한 문제다.

Holy Anger

명불허전이었다. 아네테의 위용은 대단했다. 아크로폴리스, 파르테논 신전, 거리의 미술품들과 조각상들은 화려한 헬라 문화의 진수를 자랑하고 있었다. 그러나 아테네에 도착한 바울이 본 것은 다른 그 무엇이었다. 선교사 바울의 눈에 비친 아테네는 거대한 우상의 제단이었다. 헬라 제국 최고의 조각가들이 만든 우아하고 정교한 예술품들. 그러나 사도 바울의 눈에 비친 아테네는 지성이라는 이름으로, 예술이라는 이름으로 오염된 도시였다. "그 성에 우상이 가득한 것을 보고 마음에 격분하여"(사도행전 17:16). 바울은 분노했다. 눈에 핏발이 서고, 혈관이 꿈틀거렸다. 살아 계신 하나님께만 드려야 할 영광과 찬송을 우상들에게 바치고 있는 세속 도시 아테네를 보면서, 사도의 가슴 깊은 곳에서는 우상들을 향한 맹렬한 분노와 그 땅의 영혼들을 향한 안

타까움이 폭발하는 화산의 용암처럼 솟구쳤다. 그것은 거룩한 분노였다. 이 거룩한 분노는 어디로부터 왔을까? 하나님에 대한 사랑, 영혼들에 대한 사랑에서 왔다.

분노는 사랑이다

분노는 사랑이다. 사랑하니까 분노하는 것이다. 〈응답하라 1988〉의 여주인공 덕선이가 정환이에게 말한다.

"나 이번 주 소개팅 한다. 소개팅 할까?"

이때 대한민국 여성들을 초토화시킨 정환이의 한마디!

"하지 마! 소개팅."

정환이는 왜 덕선이에게 화를 내면서 소개팅을 하지 말라고 했을까? 사랑하니까! 아이가 넘어져 다치면 엄마는 왜 화를 낼까? 사랑하니까! 하나님을 사랑하니까 우상에 대하여 분노하는 것이다. 성경을 사랑하니까 세상의 가치관에 대하여 분노하는 것이다. 예수님을 사랑하니까 죄에 대하여 분노하는 것이다. 하나님 백성으로서의 나의 정체성을 사랑하기에, 하나님 백성답지 않게 살아가는 나의 모습에 분노하고 탄식하는 것이다.

크리스천 청소년인 우리, 이 시대의 우상들을 향하여 분노해 본 적이 있는가! 사소한 일에 필요 이상으로 짜증 내고 분노하는 영적 분노 조절 장애 환자가 되어서는 안 된다. 그러나 정작 분노해야 할 순간 분노하지 않는, 아니 분노하지 못하는 영적 사이코패스가 되어서는 더더욱 안 된다. 우리는 하나님을 사랑하는 뜨거운 심장으로, 21세기 우상들에 대하여 격분할 수 있어야 한다. 현대 물질 만능 주의와, 상대방을 무차별 비방하는 SNS와, 성공을 위해서 타인을 이용하는 무한 이기주의에 대해 분노할 수 있어야 한다. 세상의 죄에 대해 분노할 뿐만 아니라, 내 내면의 죄에 대해 분노하고, 영적 성숙의 노력을 게을리하는 것에 대해 분노하고, 말씀을 들어도 가슴을 치는 회개와 변화가 없는 것에 대해 통한하는 우리가 되길 소원한다. 이 분노는 거룩한 분노요, 하나님의 분노다.

바울이 아덴에서 그들을 기다리다가 그 성에 우상이 가득한 것을 보고 마음에 격분하여(사도행전 17:16).

12월의 기적

🔍 #벌써일년 #겨울추워 #또한살 #화이트크리스마스 #기대와설렘

기적 하나, 성장

달랑 한 장 남은 달력, 등굣길 코끝에 느껴지는 차가
운 공기, 기말고사, 백화점 세일, 크리스마스, 첫눈, 겨울방
학……. 아! 벌써 12월이라니. 정말이지 빛의 속도로 지나
가 버린 1년이다. 한 해의 끝자락인 12월에 새삼스레 느끼
는 것은 청소년기는 폭풍 성장의 시기라는 사실. 엄마! 이
바지 짧아서 못 입겠어! 엄마! 신발이 안 맞아! 엄마아빠 키
를 추월한 지는 이미 오래다. 옷장에서 꺼낸 작년 겨울옷이

작아서 맞지 않을 만큼 우리는 자랐다. 키가 1년에 10센티미터 이상 자라는 것은 청소년들에게는 흔한 일이다. 성장 호르몬 과다 분비로 생긴다는 여드름과 아침마다 신경전을 벌이며, 눈의 성장과 함께 안구 길이가 길어져 청소년 10명 중 무려 8명이 근시가 되며, 무릎 성장판에서 나온 호르몬 때문에 뼈가 늘어나면서 무릎이나 종아리가 아파서 자다가 깨기도 한다. 푸르렀던 봄, 뜨거웠던 여름, 풍요로운 가을을 지나, 겨울을 맞는 우리는 어느새 이만큼이나 자랐다. 거울에 비친 우리의 성장한 모습은 창조주 하나님이 청소년인 우리에게 행하신 고요한 기적이다.

기적 둘, 변화

12월이 되어 달라진 것은 껑충해진 키와 굵어진 목소리만은 아니다. 지난 1년간, 아침 등교 시간마다 겪은 분주함, 중간 기말고사의 초조함, 체육대회의 긴장감과 수련회의 성취감이 우리의 감정 은행에 쌓여 있다. 친구들을 오해하고 화해했던 기억들, 단톡방에서 주고받은 수많은 이야기들, 엄마와 싸우고 아빠에게 혼나고 언니에게 짜증 부린 시간들과, 일기장에 적어 놓은 남모를 속상함과 눈물이 우리

기억에 차곡차곡 쌓여 있다.

아파서 누워 있을 때 이마를 짚고 기도하던 엄마의 손에서 느꼈던 그 사랑과, 무심한 척 꼼꼼히 챙겨 주는 언니오빠의 관심, 그렇게 대들면서도 나를 졸졸 따르는 동생을 1년이 지나는 동안 조금 더 이해하게 되었다. 주일 예배 시간에 들었던 설교 말씀들과 여름 수련회 때 받은 은혜의 생생한 기억들, 교회 선생님들이 보내 주신 문자에 담긴 사랑 속에서, 지난 열두 달 동안 우리는 더디지만 분명히 변화되었다. 지나간 1년, 365일, 8,760시간은 그냥 사라지지 않고 우리의 일부가 되었다. 우리의 생각이 달라지고, 자신과 세상을 보는 눈이 더 분명해지고, 친구들과의 우정이 더 깊어지고, 가족들에 대한 이해가 더 넓어지고, 주님을 향한 사랑이 더 깊어졌다. 그렇게 우리는 조금 더 어른이 되었다.

기적 셋, 시작

왜 12월이 끝이지? 13월은 왜 없는 거야! 아쉬운 마음에 마지막 달력을 만지작거리지만, 1월로 시작해서 12월에 끝나는 로마식 달력을 전 세계가 쓰고 있어서 그렇다는 것을 모르는 바는 아니다. 12월이 지나고 나면 다시 1월이 되며 한 해가 바뀌는 것이 시간의 법칙이다. 시간에 대한 성경의 가르침은 시작도 알 수 없고 끝도 알 수 없다는 철학자들의 생각과 다르다. 시간은 우연과 진화의 결과라는 과학자들의 이론과도 다르고, 시간이 끝없이 영원히 반복된다는 어떤 종교의 가르침과도 다르다.

시간에는 시작이 있고 끝이 있다는 것이 성경의 가르침이다. 성경은 태초에 하나님이 천지를 창조하셨고, 마지막 날에 예수님이 다시 오셔서 시간을 완성하실 것이라 말한다. 성경은 이미 시작되었지만 아직 완성되지 않은 하나님 나라를 우리가 지금 살고 있다고 가르친다. 크리스천인 우리는, 12월은 지나간 1년의 마지막이자 새로운 1년의 시작이라는 것을 안다. 이 시작과 끝을 연결하는 시간의 고리는 오래도록 계속되겠지만, 영원히 계속되지는 않을 것이다. 그래서 시간은 소중하고, 그래서 시간은 가치가 있다.

12월의 진짜 기적은, 마지막인 동시에 이제 다시 시작하는 시간이라는 것이다. 시간은 늘 새로운 시작이라는 것이 평범하고도 위대한 기적이다. 다 보고 난 동영상을 다시 처음부터 반복 재생하는 것이 아니라, 전혀 새로운 이야기를 시작하는 것이다. 12월이 지나고 나면 우리는 살아 보지 않은 시간들과 가 보지 않은 새로운 길을 떠난다. 분명히 힘든 일도 있을 것이고, 짜증 날 일도 있을 것이고, 슬프고 서러운 일도 있을 것이다. 하지만 우리는 기대와 설렘으로 다시 시작할 것이다. 우리의 모든 시간을 시작하셨으며, 우주의 모든 시간을 마무리하실 예수님이 우리와 영원히 함께하실 테니까. 기적의 주인공이신 주님께서 우리의 새로운

시작을 응원하실 테니까. 그렇게, 기적의 12월이 우리에게
왔다.

주 하나님이 이르시되 나는 알파와 오메가라 이제도 있
고 전에도 있었고 장차 올 자요 전능한 자라 하시더라
(요한계시록 1:8).

크리스마스 is 뭔들

🔍　#별별크리스마스 #펠리스나비다드 #산타레깅스
　　#크리스마스니까괜찮아 #베들레헴아기예수님

지구촌 축제, 크리스마스

성탄절 아침, 영국인들은 여왕이 보내는 성탄 메시지를 텔레비전으로 시청한 뒤 치즈를 바른 공작새 고기를 먹는다. 베네수엘라에서는 크리스마스 아침이면 인라인 스케이트를 타고 교회까지 폭풍 질주를 한다. 독일은 크리스마스 축제가 시작되는 12월 6일 전날 밤, 아이들의 신발 안에 선물을 넣어 준다. 아일랜드 사람들은 크리스마스이브에 창가에 촛불을 켜고 창을 열어 둔다. 아기 예수를 낳기 위해 마구간을 찾아 헤매는 일이 없게 하기 위해서란다. 네덜란드에서는 산타 할아버지가 백마를 타고 온다는 전설을 따라 흰말을 타고 마을을 돌아다니며 산타 코스프레를 한다. 한여름에 크리스마스를 맞는 아르헨티나에서는 '메리 크리스마스' 대신 '펠리스 나비다드'(Feliz Navidad)를 외치며 하늘에 축포를 쏘며 소원을 말한다. 아프리카 콩고에서는 전나무 대신에 야자나무로 크리스마스트리를 만들고 소울 넘치는 아프리카 리듬에 맞추어 춤을 추며 가장행렬을 한다. 문화, 기후, 종교에 따라 각각 모습은 다르지만 그렇게 지구촌 온 누리는 크리스마스를 즐긴다!

산타가 뿔났다

산타클로스는 빨간색 깔맞춤 레깅스를 입고 선물을 나눠주는 배불뚝이 털보 할아버지가 아니다. 서기 270년에 살았던 세인트 니콜라스라는 분은 넘사벽의 자선가였다고 한다. 남몰래 많은 선행을 베풀었던 그분의 이름에서 산타클로스라는 이름이 유래되었다. 빨간 옷과 흰 수염의 복장은 1931년 미국 해돈 선드블롬이 코카콜라 광고에 그린 그림에서 유래한 것이다. 실존 인물의 삶에 사람들의 상상이 더

해져서 탄생한 캐릭터 산타클로스는 크리스마스의 마스코트처럼 되어 버렸다. "산타 할아버지는 알고 계신대 누가 착한 앤지 나쁜 앤지." 이 협박성 가득한 노랫말에 움찔해 양말을 걸어 두고도 잠 못 들던 꼬꼬마 시절을 생각하면 웃음이 난다. 기말고사가 끝나고 겨울방학이 시작되고 한 학년씩 올라가게 되는 12월의 끝자락에서 만나는 크리스마스는 정말 환상적인 타이밍이다. 크리스마스의 주인공은 산타가 아니라 예수님이라는 것을 알게 되면, 이날에 우리의 관심이 첫눈이나 선물이나 데이트가 되어서는 안 된다는 것 또한 알 것이다. 크리스천인 우리에게 크리스마스는 어떤 의미가 있을까?

크리스마스 is Everything

크리스마스는 노래다. 아기가 태어날 것이라는 천사의 예언이 이루어진 것을 기뻐하는 마리아의 노래요, 온 하늘에 울려 퍼진 천사들의 노래이며, 마구간에서 아기 왕을 만나고 돌아가며 부르는 목자들의 노래요, 온 세상 교회와 성도들이 부르는 경배와 축제의 노래다. 크리스마스는 기적이다. 결혼하지 않은 여인의 몸에서 태어나신 예수님의 출

생이 기적이고, 아기들을 모조리 죽이려 한 헤롯의 위협에서 지키신 하나님의 섭리가 기적이고, 내비게이션도 없이 별을 따라서 머나먼 페르시아에서 유대 땅 베들레헴까지 찾아온 동방 박사들의 여행도 기적이며, 메시아 탄생에 대한 구약 성경의 모든 예언이 빠짐없이 이루어진 것이 기적이다.

크리스마스는 나눔이다. 이 땅에 오신 예수님이 그분의 몸과 피를 우리에게 나누어 주신 것처럼, 예수님이 그분의 생명을 우리에게 거저 주신 것처럼, 우리가 가진 것을 이웃과 함께하고자 하는 성도들의 가슴 따뜻한 나눔이다.

그래, 크리스마스는 모든 것이다! 베들레헴 마구간에 오신 예수님이 우리의 모든 것이기 때문이다. 하나님이신 예수님이 인간의 역사로 들어오신 이 놀라운 날은 우리의 모든 것이다. 하얀 눈이 내려와 모든 것을 덮어 주길 바라는 용서의 날, 표현하지 못했던 사랑을 선물에 담아 전하는 사랑의 날, 내 마음속 빈 구유에 아기 예수님을 모시는 경배의 날, 이것이 바로 크리스마스다! 크리스천인 우리에게 그리스도가 모든 것이듯, 크리스마스 또한 모든 것이다.

귀마개에 벙어리장갑을 끼고 밤새 새벽송을 돌고 교회에서 성탄의 아침을 맞이하던 그 시절 십대들은 이제 어른이 되어 옛 성탄절을 추억한다. SNS로 움짤 성탄 카드를 보내고, 블링블링한 백화점 트리 앞에서 손가락 하트 인증샷을 찍어 단톡방에 올리는 오늘의 십대들도 이렇게 성탄의 추억을 쌓아 간다. 그렇게 예수님 오신 날을 기뻐하며 성탄을 맞이하는 온 세상 교회와 크리스천들은 오래지 않은 미래에 주님 다시 오시는 날을 감격스럽게 맞이할 것이다. 해마다 연말이면 아직 응답되지 않은 기도 제목, 아직 풀지 못해 찜찜한 친구와의 관계, 아직 화가 풀리지 않아서 받아 주지 못한 용서, 아직 마음속 깊은 곳에 남아 있는 상처에 아쉬움이 남지만, 그래도 괜찮다. 크리스마스니까.

> 지극히 높은 곳에서는 하나님께 영광이요 땅에서는 하나님이 기뻐하신 사람들 중에 평화로다 하니라(누가복음 2:14).

아빠와 아들

#아빠 #아재 #아들 #스마트폰 #부전자전

아빠 본색

"내 곁에만 머물러요, 떠나면 안 돼요~~ ♪"

"아빠, 이 노래 좋지?"

"그럼. 아빠도 이문세 좋아해."

"응? 이문세가 누구야? 이 노래 부른 사람은 오혁인데⋯."

"뭐, 오혁? 오혁이 누구야?"

"아빠는 응팔 OST 부른 오혁도 몰라?"

의문의 1패를 당한 아빠. 〈붉은 노을〉을 부른 가수를 빅

뱅이 아닌 이문세로 알고 있고, 〈너의 의미〉는 아이유가 아니라 김창완의 노래로 알고 있는 우리의 아빠. 우리의 아빠들은 복고 개그를 남발하고 민망함에 혼자 웃는 아재 개그의 원조요, 여름 샌들을 꼭 발목까지 오는 양말과 함께 신는 패션 테러리스트이다. 틈만 나면 "아빠 어릴 적엔 말이야……" 하며 추억에 잠기는 감성 소년이며, 가족들에게 텔

레비전 리모컨을 빼앗겨 축구를 보지 못하면 맘 상해 방으로 들어가 버리는 특급 소심남이다. 구시렁구시렁 짜증 내면서도 대형 마트에서 카트를 밀고 엄마 뒤를 따라다니는 츤데레 쇼핑 가이드요, 가족 모두 늦잠 자는 토요일 아침에 김치볶음밥을 만들어 주는 주말 셰프이며, 늦은 밤 학원 앞에서 동생을 기다려 주는 안심 귀가 도우미, 폭망한 시험 점수 때문에 울고 있는 나의 어깨를 토닥여 주는 영원한 나의 응원군이다. 아들의 과거요 아들의 미래인 아빠. 아빠에게 십대인 아들은 어떤 존재이고, 십대인 아들에게 아빠는 어떤 존재일까?

스마트폰의 역설

통계청이 발표한 〈2016 청소년 통계〉에 따르면, 청소년들 가운데 34.1퍼센트는 아빠와 대화하는 시간이 하루 30분 미만이며, 6.7퍼센트는 아빠와 전혀 대화하지 않는다. 온 가족이 첨단 통신 도구 스마트폰을 들고 다니지만, 과연 가족 간의 소통은 얼마나 이루어지고 있을까? '스마트'(Smart)는 '똑똑한, 영리한'이라는 뜻이다. 스마트폰이 서로 간의 단절된 소통을 연결해 주고, 세대 간 이해를 돕는 도구라면

'스마트'한 것임에 분명하다. 그러나 하이테크놀로지가 실현한 소통의 도구가 오히려 소통의 부재를 낳고 있는 현실은 정말이지 스마트하지 않다.

가족 간에 소통이 사라지고 세대 간의 단절이 일어나기 시작한 때를 추적해 보자. 18세기 산업혁명으로 거슬러 올라간다. 가정을 중심으로 아버지의 직업이 아들에게로, 또 그 아들에게로 이어지며 가문의 장인 정신이 명예요 자랑이던 시절이 있었다. 직업을 위한 기술뿐 아니라 집안의 정신과 가치와 신앙이 함께 계승되던 시절이 분명히 있었다. 그러나 산업혁명이 시작되고 정보화 시대를 지나면서, 이제 아버지의 직업을 당연하게 물려받는 모습은 좀처럼 찾아보기 어렵다. 가정을 벗어나 경제생활을 하는 부모, 가정을 벗어나 학업을 하고 진로를 찾아가는 자녀들의 모습을 어렵지 않게 찾아볼 수 있다. 가정의 기능은 축소될 대로 축소되어 있고, 청소년들에게는 더욱 그러하다. 청소년들에게 또래의 영향력은 아버지의 영향력보다 훨씬 강력하다. 이해하지 못하는 아버지와 이해받지 못하는 아들, 소통의 해법은 없을까?

부전자전

유대인들은 기가 막혔다. 안식일에 일을 해서는 안 되는 규정을 깨뜨렸다는 이유로 비난하자 예수님이 이렇게 일침을 날리셨기 때문이다. "예수께서 그들에게 이르시되 내 아버지께서 이제까지 일하시니 나도 일한다"(요한복음 5:17). 산 위에서 설교하시던 예수님이 무리를 향해 던지신 의미심장한 말씀이다. "하늘에 계신 너희 아버지의 온전하심과 같이 너희도 온전하라"(마태복음 5:48). 말끝마다 하나님을 아버지라 부르는 예수님의 표현은 유대인들을 자극했다. 갈릴리 출신의 가난한 떠돌이 랍비 주제에 감히 거룩하신 하나님의 아들이라고? 이런 망언을 하다니!

유대인들은 예수님이 하나님의 아들이시며, 하나님과 하나가 되신다는 신비를 깨닫지 못했다. 예수님은 아버지의 뜻을 이루기 위해 사역하셨고, 아버지의 뜻대로 그 백성들을 고치셨으며, 아버지의 뜻을 따라 십자가를 받아들이셨다. 그분은 진정 하나님의 아들이셨다. "아버지여! 아버지여! 어찌하여 나를 버리셨나이까." 십자가에서 고독 속에 메아리친 아들의 절규와, 그 광경을 차마 바라보지 못하셔서 스스로 창조하신 광명체의 빛을 가리셨던 아버지의 이야기. 인류 구원을 위해 아들의 생명을 택한 아버지와, 그

아버지께 순종한 아들의 이야기. '복음'이라 불리는 그 위대한 이야기를 우리는 성경이라 부른다.

여전히 아빠에게 아들은 제멋대로일 것이며, 여전히 아들에게 아빠는 이해 못할 권위의 상징일 것이다. 아빠와 아들, 서로를 이해할 수는 없다. 그러나 성경은 말한다. 아빠와 아들, 서로를 사랑할 수는 있다고. 죄로 인해 단절된 창조주와 피조물의 소통을 가능케 하기 위해 이 땅에 오신 예수 그리스도의 이름으로, 아버지요 아들인 우리는 서로를 사랑할 수 있다. 아들은 현실의 고단함 속에서도 영적 제사장으로서의 품격을 지키는 아버지에게서 그 영적 기개를 물려받는다. 아버지는 가혹한 입시의 물결 속에서도 십대 크리스천으로서의 패기를 지키는 아들을 통해 영적 자긍심을 얻는다. 그래서 행복한 아빠와 아들의 얼굴을 그려 본다. 과한 상상이라고? 아들을 이 땅에 보내신 아버지를 믿고, 죽기까지 아버지에게 순종한 아들을 믿는 우리에게 그 상상은 비전이 되고 비전은 마침내 현실이 되지 않을까?

예수께서 그들에게 이르시되 내 아버지께서 이제까지 일하시니 나도 일한다 하시매(요한복음 5:17).

설날이 좋다

🔍　#설날특집 #세뱃돈 #초딩출입금지 #용돈올랐으면 #나눔이부족해

새해 복 많이 받으세요

　손님맞이를 위해 정성스레 정리해 놓은 내 방을 한순간에 우주 쓰레기장으로 만들어 버리는 초딩 사촌들의 만행, 오랜만에 만나서 '누구는 어느 대학 갔다더라' 은근 압박하시는 이모의 무한 반복 잔소리, 새해 다이어트 결심을 좌절시키는 설날 음식의 후덜덜한 칼로리 공포. 그럼에도 불구하고 설날은 즐겁다!

　훌쩍 커 버린 사촌들을 만나는 것도 즐겁고, 아이돌이 총

출동하는 설특집 텔레비전 예능 프로그램을 보는 것도 즐겁고, 밀리는 차 안에서 군것질하는 것도 즐겁고, 맛난 음식들 덕분에 눈과 입도 즐겁지만, 우리가 설날을 기다리는 궁극의 이유는, 두둥~ 세.뱃.돈! 세배 후에 어른들이 주시는 세뱃돈을 받는 순간의 짜릿함을 무엇에 비유할까? 몇 달치 용돈과 맞먹는 금액이 한 번에 들어오는 설날은 정말 아름답다. 초딩 때 받던 세뱃돈에 비해 갑절로 많아진 액수를 보라. 브라보 마이 라이프! 가슴 깊은 곳에서 우러나오는 어른들을 향한 감사와 존경을 담아 깊이 고개 숙여 절한다. 새해 복 많이 받으세요! 세뱃돈 주세요!

그 많던 용돈은 어디로 갔을까?

설 연휴 마지막 날, 두둑한 지갑을 만지작거리면 꼭 사고 싶은 Must have It 아이템들이 마구 떠오른다. 새로 출시된 피자 메뉴 전단지를 어디에 뒀더라? 올해 컴백한 아이돌의 새 앨범을 사고야 말 테야. 온라인 게임 머니도 사고, 설날 특선 영화도 보고, 친구들과 패션 타운, 쇼핑몰, 놀이동산, 스키장에서 겨울방학을 즐기리라. 아! 사고 싶은 것도 많고, 먹고 싶은 것도 많은 우리. 우리의 위시리스트는 한이 없는데 늘 모자라기만 한 나의 용돈이여……. 대체 그 많던 용돈은 다 어디로 간 거야?

내가 부자가 된다면, 요거트 껍질 따윈 핥아먹지 않겠어! 내가 부자가 된다면, 마트 쇼핑 카트에 넣은 100원짜리 동전쯤은 뒤돌아보지 않겠어! 바게트 빵을 사서 비둘기 먹이로 줄 거야! 야심 찬 각오를 해 보지만, 현실 속의 나는 500원짜리 하나에도 심쿵한 존재. 밤늦은 시간, 학원 끝나고 오

는 길 편의점 앞에서 컵라면과 삼각김밥을 고르면서 드는 생각. 나는 왜 금수저를 물고 태어나지 않았을까? 나는 재벌 2세가 꿈인데 왜 아빠는 노력을 안 하실까? 왜 우리 아빠는 빌 게이츠가 아닐까? 내가 워런 버핏이나 만수르의 아들딸로 태어났다면 학교 갈 때 마을버스를 타지 않을 텐데, 수영장 딸린 집에서 가정교사와 함께 승마를 배우고 방학이면 유럽으로 여행을 다니며 럭셔리한 인생을 살았을 텐데……. 나는 왜 부자가 아닐까!

부자가 아니라 부요한 인생

부자 청년의 뒷모습은 쓸쓸했다. 엄친아였던 청년의 인생에 실패란 없었다. 그러나 예수님의 마지막 한마디에 청년은 아무 말 하지 못하고 근심하며 돌아갔다. "네 소유를 팔아 가난한 자들에게 주라"(마태복음 19:21). 부자 청년에게 하신 한마디에서 하나님의 백성인 우리가 돈에 지배당하는 인생이 아니라 하나님의 다스리심 속에 살아가기를 원하시는 예수님의 마음을 느낀다.

예수님 말씀에 따르면, 모든 사람은 두 종류의 인생을 산다. 돈을 섬기거나 하나님을 섬기거나 둘 중 하나! 둘 다 선택할 수는 없다. "내가 돈을 섬긴다고요? 에이~ 무슨 말씀을요!" 하지만 잠시 생각해 보자. 우리가 생각하고 결정하고 선택하는 것들의 아주 많은 부분은 하나님의 뜻이나 말씀이 기준이 아니라, 돈이 기준이 되고 있으니까. 점심에 뭘 먹지? 택시를 탈까, 지하철을 탈까? 어떤 브랜드 옷을 사지? 어떤 직업이 좋을까? 이런 결정에서 우리의 판단 기준은 미안하지만 돈이다. 돈은 힘을 가졌고, 그 힘은 아주 강력하다. 무엇인가를 소유하고 싶은 것은 인간의 보편적인 욕망이다. 소유를 위해 꼭 필요한 돈은 현대 자본주의 사회에서 권세요 능력이다. 이 돈의 힘을 무력화시키는 방법은 한 가지다. 예수님 말씀대로 '다 팔아서 주는 것'. 사회적 약자들에게 주는 것을 기부(donation)라고 하고, 하나님께 드리는 것을 헌금(offering)이라고 한다. 기부와 헌금 앞에 돈의 마력은 무용지물이 된다.

설날 세뱃돈을 받으며 우리 작은 결심을 하나 하자. 하나님께 십분의 일을 드리는 것으로, 매 주일 정한 헌금을 드리는 것으로, 나의 이웃들에게 작은 나눔을 실천하는 것으로. 이로써 우리가 돈이 아니라 하나님을 섬기는 것을 증명할 수 있다. 크리스천의 부요는 돈으로 판단되는 것이 아니다. 우리는 아직 학생이고, 아직 수입이 없지만, 지금 내가 가진 소유를 나눌 수 있다면 나는 결코 가난하지 않다. 나눌 수 없을 만큼 가난한 사람은 없으니까. 내가 나눌 수 있는 한 나는 가난한 것이 아니니까. 크리스천인 우리는 부자가 아니더라도 충분히 부요할 수 있으니까.

> 심령이 가난한 자는 복이 있나니 천국이 그들의 것임이
> 요(마태복음 5:3).

민증이 필요해

누구냐, 넌?

뭐지? 이 알 수 없는 뿌듯함은? 드디어 나에게도 주민등록증이 생기다니! 만 17세가 되는 달의 다음 달 1일부터 1년간 발급되는 주민등록증은, 대한민국 국민으로서 국내에 주소를 두고 거주하는 주민임을 증명하는 증명서다. 자신이 당당한 한국 사람임을 국가에서 인정해 주는 공인인증서인 셈이다. 눈썹과 귀가 잘 보여야 하는 민증 사진 규정에 맞추느라 어색한 표정을 짓고 있는 내 사진은 대략 난감이지

만, 그래도 사회의 진정한 구성원이 된 것 같은 마음에 뭔
가 대단한 일을 해낸 듯 마음이 두근두근하다.

고등학생이 되어야 발급받는 주민등록증은 중딩들의 로
망이다. 아직 민증도 안 나온 어린 것(?)들과는 달리, 이제
대한민국 국민으로서 누려야 할 권리를 누릴 수 있고, 뭔가
어른이 된 것 같고 진짜 사람이 된 것 같은 묘한 이 기분,
나쁘지 않다! 지갑 안에 고이 모셔 둔 주민등록증은 '청소
년'이라는 학교를 마감하는 졸업장이고, '성인'이라는 신세

계로 들어가는 티켓이며, '어른'이라는 비밀의 문을 여는 황금열쇠다.

어리다고 놀리지 말아요

우리는 나이보다 더 어른처럼 보이고 싶다. 우리를 어린 아이 취급하는 것은 사절이라고요. 모든 것에 회의가 들기 시작하면서 어른들에게만 허락된 것들에 대해 의심을 품는다. 왜 어른들은 되고 우리는 안 되지? 청소년들은 금지된 성인들의 영역에 도전하고, 그 금기를 깨뜨림으로써 스스로 어른이 되었다고 생각한다. 청소년들에게 금지된 것들을 사기 위해, 유흥업소에 취업하고 호프집 출입을 하기 위해 민증을 위조하는 것은 이런 욕구 때문이다. 하지만 신분 확인을 위해 타인의 주민등록증을 사용하거나 위조하는 것은 공문서부정행사죄에 해당하는 범죄 행위라니 절대 해서는 안 된다.

우리의 욕망과 달리 아직은 어른들의 보호가 필요한 나이이기에 우리 사회가 금지해 둔 영역들이 있다. 가서는 안 되는 곳, 봐서는 안 되는 영화, 먹어서는 안 되는 음식, 해서는 안 되는 행동들……. 수많은 금지 조항들에 짜증 난 청소년들은 생각한다. '아! 빨리 어른이 되고 싶다!' 그러나 진짜 어른이 되는 것은 민증 발급 여부와 상관이 없다는 것을 그대는 아는가?

지킬 줄 아니까 청춘이다

겨우 열일곱 살이었다. 이제 겨우 주민등록증을 발급받을 나이에 노예로 팔려 홀로 인생을 살아가야 하는 신세가 되었으니, 요셉의 인생도 참 기구하다. 형들의 질투와 아버지의 과잉 사랑이 만들어 낸 대형 참사였으나, 열일곱의 요셉은 그 모든 것을 담담히 받아들였다. 지난 17년간 배우고 느끼고 익힌 것들만으로 남은 인생을 혼자서 살아가야 했다. 요셉을 보호해 줄 수 있는 존재는 어디에도 없었다.

그럼에도 불구하고 보디발의 아내의 유혹을 거부하는 요셉의 태도는 정말 어른스럽다. "내가 어찌 이 큰 악을 행하여 하나님께 죄를 지으리이까"(창세기 39:9). 이럴 때 어떻게 해야 하는지 물어볼 수 있는 엄마도, 조언을 들을 수 있는 아빠도, 상담을 할 선생님도, 카톡으로 수다 떨 친구도 없었다. 하지만 요셉은 '스스로' 그렇게 했다. 자기의 신념, 자기의 가치관, 자기의 결정으로 그렇게 했다. 내가 섬기는 하나님이 무엇을 원하시는지 요셉은 알았기에 그렇게 행동했다. 그것이 어른이다! 하나님은 그런 요셉과 함께하셨고, 요셉은 가는 모든 곳에서 형통했다. 요셉은 그에게 금지된 것, 하나님이 금하신 것을 금할 줄 아는 진짜 어른이었다. 지킬 것은 지키는 것, 그것이 어른이다.

나이가 들어도, 주민등록증이 있어도, 대학생이 되어도, 결혼을 해도, 지켜야 할 것을 지키지 못한다면 우리는 여전히 어린아이다. 내가 한 말과 행동과 생각에 대해 보호자의 동의를 받지 않는 것이 어른이다. 책임 있게 행동하고, 행동한 것에 책임을 지는 것이 어른이다. 기다릴 줄 아는 용기와 참을 수 있는 끈기를 가져야 어른이다. 키가 자라고 목소리가 굵어지고 여성스러워지고 남자다워지는 우리 몸의 변화와 함께, 우리의 생각과 마음이 성숙해지는 것, 이것이 참 어른이 되어 가는 과정이다.

이제 민증을 가지게 될 나이, 민증 번호를 입력해서 원하는 사이트에 회원 가입을 할 수 있고, 민증으로 나이를 확인받아 원하는 것을 살 수 있고, 민증을 가진 어른으로서의 권리들을 누리게 되는 것은 즐겁지만, 그것이 전부가 아닌 것을 크리스천 청소년들은 알고 있다. 우리가 진짜 어른임을 증명하는 것은 민증이 아니니까. 우리의 성숙을 민증으

로 증명할 수는 없으니까. 굳이 민증을 꺼내 보이지 않아도,
우리 삶으로 우리가 어른인 것을 증명할 수 있으니까! 지킬
것을 지킬 줄 아는 우리! 크리스천답게! 어른스럽게!

이 집에는 나보다 큰 이가 없으며 주인이 아무것도 내
게 금하지 아니하였어도 금한 것은 당신뿐이니 당신은
그의 아내임이라 그런즉 내가 어찌 이 큰 악을 행하여
하나님께 죄를 지으리이까(창세기 39:9).

Winter

일러스트 **이경은**

　　이화여자대학교에서 시각디자인을 전공한 뒤, 현재 벨기에의 루뱅 대학교에서 철학을 공부하고 있다. 《큐틴》《시냇가에 심은 나무》《청소년 매일성경》《스타벅스 세대를 위한 전도》《데이트, 그렇게 궁금하니?》 등 여러 월간지와 단행본에 그림을 그렸다. 상상과 예술의 문제를 현상학적으로 탐구하고, 이를 통해 더 풍성한 세계를 표현함으로써 독자들과 소통하기를 꿈꾸고 있다.

사랑을 더하면 온전해집니다.

이 모든 것 위에 사랑을 더하라 이는 온전하게 매는 띠니라(골 3:14)

도서출판 사랑플러스는 이 땅의 모든 교회와 성도들을 섬기기 위해 국제제자훈련원이 설립한 출판 사역 기관입니다.

십대, 성경으로 세상을 살라

초판 1쇄 인쇄 2017년 3월 24일
초판 4쇄 발행 2018년 7월 17일

지은이 김경덕
일러스트 이경은

펴낸이 오정현
펴낸곳 사랑플러스
등록번호 제2002-000032호(2002년 2월 15일)
주소 서울시 서초구 효령로68길 98(서초동)
전화 02)3489-4300 **팩스** 02)3489-4329
이메일 dmipress@sarang.org

ISBN 978-89-90285-99-7 03230

※ 책값은 뒤표지에 있습니다. 잘못된 책은 구입하신 곳에서 교환해드립니다.